铁路中专教育货车车辆检修专业
教学指导方案

铁道部劳动和卫生司

中国铁道出版社

2009年·北京

内 容 简 介

本书为铁路中专教育货车车辆检修专业教学指导方案。内容包括：货车车辆检修专业教学计划、货车车辆检修专业课程教学大纲、货车车辆检修专业技能实训设备配置标准参照表、货车车辆检修专业课程教学用书汇总表。本书对铁路中专教育货车车辆检修专业教学工作具有指导作用。

图书在版编目(CIP)数据

铁路中专教育货车车辆检修专业教学指导方案/铁道部劳动和卫生司编．—北京：中国铁道出版社，2009.8

ISBN 978-7-113-10209-8

Ⅰ．铁… Ⅱ．铁… Ⅲ．铁路车辆－货车－车辆检修－专业学校－教学参考资料 Ⅳ．U279.3

中国版本图书馆 CIP 数据核字(2009)第 103039 号

书　　名：铁路中专教育货车车辆检修专业教学指导方案
作　　者：铁道部劳动和卫生司

责任编辑：程东海　　**电话：**010-51873133　　**电子信箱：**whm_haiming@163.com
封面设计：薛小卉
责任校对：张玉华
责任印制：陆　宁

出版发行：中国铁道出版社（100054，北京市宣武区右安门西街 8 号）
网　　址：http：//www.tdpress.com
印　　刷：三河市华丰印刷厂
版　　次：2009 年 8 月第 1 版　　2009 年 8 月第 1 次印刷
开　　本：787 mm×1 092 mm　1/16　印张：5.75　字数：136 千
印　　数：1～2 000 册
书　　号：ISBN 978-7-113-10209-8/G・312
定　　价：11.80 元

前　　言

铁路作为国民经济的大动脉、国家重要基础设施和大众化交通工具，在我国经济社会发展中具有重要作用。加快铁路发展，全面推进和谐铁路建设，必须拥有一支与之相适应的职工队伍。全面提高铁路职工队伍素质，既是认真贯彻落实科学发展观、构建社会主义和谐社会的要求，也是保证铁路运输安全生产，实现可持续发展的需要。为此，铁道部党组要求把进一步提高职工队伍素质作为一项长期的重点工作来抓。为提高铁路企业新接收人员的素质，决定对新入路的复员退伍军人组织进行铁路专业学历教育。

为了保证铁路复员退伍军人中等职业教育质量，铁道部劳动和卫生司组织各铁路局职教处、职工培训基地、部分铁路职业技术院校的教师和教学管理人员，在 2007 年铁道部颁布的《铁路复员退伍军人中专教育教学计划和教学大纲》的基础上，根据教育部对中等职业教育教学计划的有关要求，汲取铁路企业及办学单位的意见建议，修订编写了本套铁路特有专业中等职业教育教学指导方案。

根据铁路运输企业生产用工需求，确定本套方案分为 12 个专业：1. 铁道运输（车务）；2. 铁道运输（客货运）；3. 电力机车驾驶；4. 电力机车检修；5. 内燃机车驾驶；6. 内燃机车检修；7. 客车车辆检修；8. 货车车辆检修；9. 电气化铁道供电；10. 铁道信号；11. 铁道工程（工务）；12. 铁道工程（大型养路机械）。

本套方案适用于对新入路人员进行的中等职业教育，可作为铁路特有专业中等职业教育的指导性教学计划和教学大纲使用。

本方案为货车车辆检修专业教学指导方案，内容包括：（1）教学计划；（2）各门课程教学大纲；（3）本专业技能实训设备配置标准参照表；（4）本专业开设课程教学用书汇总表。

本方案初稿是由郑州铁路局职教处组织修订完成的。主要执笔人：郑州铁路局郑州职工培训基地台树坤。

参加审稿工作的有：铁道部劳卫司职教处任天德、运输局装备部货车处陈雷，沈阳铁路局职教处何方，郑州铁路局职教处杨明卿，济南铁路局职教处季益民、济南车辆段邱治国，上海铁路局上海车辆段张国春、上海职工培训基地黄向东，广州铁路（集团）公司劳卫处邓雁斌、长沙车辆段林原。

本套方案编写和审定工作得到有关铁路局和铁路职工培训基地的支持，在此一并表示感谢。

目　录

货车车辆检修专业
教学计划

货车车辆检修专业教学计划

一、培养目标

本专业培养对象是具有高中文化程度的铁路职工或其他人员，通过两年的学习，完成货车车辆检修专业知识和专业技能的职前培训，取得中专学历。本教学计划以培养货车车辆检修专业学员职业技能为中心，使学员成为铁路货车车辆检修、运用、管理等综合能力的高素质技能型专门人才。具体要求如下：

1. 具有良好的思想道德、职业道德和行为规范。

2. 具有基本的科学文化素养，掌握本专业必须的文化基础知识、专业理论知识和职业技能。

3. 具有继续学习的能力和适应职业变化的能力。

4. 具有创新精神和实践能力。

二、从业岗位

本专业主要面向铁路货车车辆检修及运用部门，从事铁路货车车辆的运用与检修工作。其主要从业岗位有：货车检车员、车辆钳工、制动钳工等。

三、人才规格

（一）知识结构

1. 具有本专业培养目标必备的文化基础知识和职业道德素养。

2. 具有计算机应用技术的基础知识。

3. 掌握本专业所必需的机电基础理论知识。

4. 掌握主型货车的构造、作用原理，掌握货车检修、运用及有关生产组织的基本知识。

5. 具有货车检修、运用、管理方面的基础知识。

6. 熟悉有关铁路技术管理规程及行车安全规章。

7. 了解电磁探伤、超声波探伤、THDS 红外线轴温探测系统配套故障智能跟踪装置、TPDS 货车运行状态地面安全监测系统、TADS 货车滚动轴承早期故障轨边声学诊断系统、TFDS 货车运行故障动态图像检测系统等的基本原理和基础知识。

8. 了解本专业科学技术的新发展。

（二）能力结构

1. 具有中级货车检车员（或车辆钳工、制动钳工）的基本操作技能并依据劳动部门要求，通过职业技能鉴定，获得相应的职业资格证书。

2. 具有货车主要零部件一般检修的操作技能。

3. 具有必要的计算机操作能力及获取信息与处理信息的能力。

4. 具有一定的车辆业务沟通协调能力。

5. 具有专业必备的机电基础技能。

（三）思想培养目标

1. 具有热爱铁路事业，为铁路事业献身的精神，激发学员创新意识。

2. 具有热爱科学、实事求是的学风和创新精神。

3. 加强职业道德和职业规范意识。

四、教学计划表

（一）周数分配表

学年	学期	入学、毕业教育	理论教学	实践教学	复习考试	机动	假期	总计
一	一	1	16	2	1	1	4	25
	二		12	7	1	1	6	27
二	三		11	8	1	1	4	25
	四	1		20				21
总计		2	39	37	3	3	14	98

（二）教学进程表

序号	课程名称	教学总时数			理论教学周学时数或实训周数			
		合计	其中		1学期	2学期	3学期	4学期
			讲授	实训或现场教学	16周	12周	11周	20周
1	语文	64	64		4			
2	数学	64	64		4			
3	铁路职业道德	32	32		2			
4	计算机应用基础	96	54	42	6			
5	铁道概论	96	72	24	6			
6	机械识图	48	48			4		
7	机械基础	96	96		6			
8	金属工艺学	48	48			4		
9	液压与气动	48	48			4		
10	电工与电子技术基础	48	48			4		
11	货车构造与检修	116	104	12		6	4	
12	货车制动装置	116	106	10		6	4	

续上表

序号	课程名称	教学总时数			理论教学周学时数或实训周数			
		合计	其中		1学期	2学期	3学期	4学期
			讲授	实训或现场教学	16周	12周	11周	20周
13	货车车辆运用与管理	88	80	8			8	
14	车辆检修工艺	66	64	2			6	
15	车辆检测技术	44	42	2			4	
16	货车新技术	22	22				2	
17	钳工技能实训	56		56	2周			
18	电工技能实训	28		28		1周		
19	货车检车员技能实训	168		168		6周		
20	货车运用技能实训	224		224			8周	
21	货车车辆检修专业综合实训	560		560				20周
总计		2 128	992	1 136				

（三）学时内容分配及学时比例

本专业教学内容包括校内专业理论教学、专业技能实训和现场综合实训实习三部分。

理论教学39周，实践教学37周。

本专业总教学时数2 128学时，其中专业理论教学共992学时，实践教学1 136学时。理论实践教学之比基本为5∶5。

五、课程说明

1. 语　　文

本课程主要讲授现代文阅读与写作、文学作品的阅读与欣赏、文言文阅读与理解以及应用文学习与写作四部分内容。通过本课程的学习，使学员的思想及文化素养得到进一步提高，形成较高的综合职业能力。

2. 数　　学

本课程主要讲授集合与函数、指数函数与对数函数、三角函数、复数、直线与二次曲线、空间图形、数列等内容。通过本课程的学习，使学员抽象概括能力、空间想象能力、逻辑推理能力以及分析和解决问题的能力得到进一步提高。

3. 铁路职业道德

本课程主要讲授铁路职业道德的基本知识、基本原则、主要规范以及与铁路职业生活相关的主要法律法规的基本精神和主要内容。通过学习，使学员树立正确的世界观、人生观、价值观、道德观，形成良好的职业道德。

4. 计算机应用基础

本课程介绍计算机的基础知识、常用办公软件的相关知识和简单计算机网络知识，通过本课程的学习，学员应能使用计算机进行文本输入、文稿编辑操作、表格制作及简单的演示文稿制作，在工作中能使用计算机。

5. 铁道概论

本课程主要讲授铁路线路、站场、车辆、机车、动车组、信号与通信等运输设备知识及原理，铁路客货运与行车工作组织，高速和重载铁路运输知识等内容。课程重点围绕和谐铁路的建设，突出铁路新技术、新装备、新工艺、新标准。通过对铁路运输业较全面、扼要的介绍，对铁路基本知识与基本原理的阐述，使学员建立铁路运输的整体概念，树立铁路运输高度集中、统一指挥理念，了解铁路各专业之间的关系，了解本专业在整个铁路运输业中的地位和重要性，为后续课程的学习奠定基础的目的。

6. 机械识图

本课程要求学员掌握投影的基础理论和基本方法；能够识读中等复杂程度的机械零件图和简单的装配图；能够绘制机械零件图和简单的装配图。

7. 机械基础

本课程要求掌握静力学基本概念，物体受力分析的基本方法；熟练应用各种力系的平衡方程解物体的平衡物体问题；了解杆件的基本变形形式，并掌握杆件的基本变形的强度计算方法；了解互换性、机械加工精度的概念；熟悉有关公差配合的术语、定义，能正确进行尺寸公差、形位公差及粗糙度的标注；掌握长度测量的基本知识；了解键联接、销联接及螺纹联接的特点、类型及应用；掌握带传动、链传动，特别是齿轮传动的类型、特点及应用；掌握轴系零件的基本知识。

8. 金属工艺学

本课程要求了解典型金属材料的性能、牌号及应用知识；熟悉典型金属零件成形加工方法和工艺特点，初步具有鉴别金属材料的能力；了解主要成形加工方法及所用设备的工作原理和使用范围。

9. 液压与气动

本课程使学员了解从事车辆检修工作所应用的液压与气压传动设备的基本知识，掌握液压与气压传动的基本理论知识及应用；掌握各类液压与气压元件的结构、工作原理及应用；掌握液压与气压传动的基本回路及系统；初步掌握液压与气压传动设备使用、调整及故障分析和排除的能力。

10. 电工与电子技术基础

本课程是一门专业技术基础课。通过本课程的教学使学员具备高素质劳动者和中初级专门人才所必需的电工与电子技术的基本知识和基本技能，为后续学习和从事专业技术工作打下一定基础，提高全面素质，增强学员分析、解决实际问题的能力。

11. 货车构造与检修

本课程是铁道车辆货车检修与运用专业的一门专业课，主要讲授车辆基本知识，主型、新型货车转向架、轮对、滚动轴承装置、车钩缓冲装置的构造、特点及运用中常见故障的分析判断方法、检修工艺要求，主型、新型货车车体钢结构、检修工艺和检修方法。

12. 货车制动装置

本课程主要讲授103型、120型空气制动机、KZW－4G型空重车自动调整装置和防脱轨装置的基本原理、构造、作用、检修、试验、常见故障分析判断处理等，介绍制动缸压力计算。

13. 货车车辆运用与管理

本课程主要讲授车辆运用和检修的生产组织与业务管理，学习生产计划的编制、车辆日常维修的作业过程，安全技术管理及各项规章制度，使学员掌握车辆运用管理的基本知识。

14. 车辆检修工艺

本课程主要讲授铁路车辆检修工艺文件的内容、形式及格式；掌握分析零部件故障、缺陷的形成原理，掌握发现故障方法和如何进行修理的工艺要求。

15. 车辆检测技术

本课程主要讲授传感器技术、THDS 红外线轴温探测系统配套故障智能跟踪装置、TPDS 货车运行状态地面安全监测系统、TADS 货车滚动轴承早期故障轨边声学诊断系统、TFDS 货车运行故障动态图像检测系统的组成、工作原理、软（硬）件设备、设备安装调试及操作方法、日常维护内容和业务组织及管理内容。

16. 货车新技术

本课程主要讲授我国铁路车辆货车的新技术、新产品的构造、作用原理，增加学员新知识面，掌握现场运用的必知必会和应知应会的基本知识，使学员跟上铁路发展的步伐，培养创新型人才。

17. 钳工技能实训

实训钳工实作技术，使学员掌握钳工工艺的锯、铲、锉、钻及电气焊等操作技能，并能制作和维修简单的工具，达到中级钳工的职业技能要求。

18. 电工技能实训

实训电工仪表的使用，电路的连接，按线路图装配、检查、调试电器装置，能正确选择并熟练使用所学的各种电工仪表进行各种电器参数的测量，对测量所得的数据能进行正确的分析处理。

19. 货车检车员技能实训

结合基地实训情况，进行货车制动机、转向架、轮对、滚动轴承、钩缓装置的检修技能强化训练，能进行货车典型检修工作的一般操作。

20. 货车运用技能实训

跟班进行列检作业，掌握列检基本实际操作技能、单车技术检查作业标准、车列检修标准化作业过程，能进行故障的判断处理。

21. 货车车辆检修专业综合实训

跟班进行货车转向架的分解、检查、检测、修理、组装作业；轮对、滚动轴承的分解、检查、测量、组装作业；车钩缓冲装置的分解、检查、修理、测量、组装作业；空气、人力制动装置的拆装、检修、试验及制动装置的检修作业及性能试验操作等，能进行货车车辆检修工作的一般操作。通过相关专业职业技能理论和实作的强化训练，学习掌握车辆检车员（或车辆钳工、制动钳工）应有的岗位知识，达到应有的操作技能。

六、毕　　业

学员修完所有规定课程，成绩合格，准予毕业。

七、入学及毕业教育

（一）入学教育

1. 爱国主义教育，革命传统教育，校纪校规教育。

2. 熟悉学校环境，了解专业特点和教育计划、课程设置、从业方向、岗位特点。

（二）毕业教育

敬业爱岗教育、职业道德教育、现场实习安全教育。

八、计划说明

1. 本教学计划在教学实施过程中，应加强与企业的沟通，根据企业需要可进行适当调整，调整幅度不超过10%。

2. 结合铁路货车新技术发展，个别教学内容可进行补充，对某些课程可采用讲座方式。

3. 货车运用实训和货车车辆检修专业综合实训要在货车车辆段运用车间、货车车辆段进行，其他实训、实习项目均应在学校内进行。

货车车辆检修专业
课程教学大纲

《语文》课程教学大纲

一、课程简介

本课程是货车车辆检修专业的基础课，主要讲授现代文阅读与写作、文学作品的阅读与欣赏、文言文阅读与理解以及应用文学习与写作四部分内容。通过本课程的学习，使学员的思想及文化素养得到进一步提高，形成较高的综合职业能力。

二、课程教学目标

（一）知识培养目标

1. 读：能读懂一般的现代白话文，能从总体把握课文的内容、理清写作思路、概括文意，对文章中的字词句作出恰当的理解；初步掌握精读、泛读及对照比较、问题讨论、专题研究等阅读方法，提高在阅读中发现问题、分析问题、解决问题及辨异识同、综合评价的能力；能准确读懂记叙、议论、说明性文字，养成研读说明书与操作手册的习惯；能够借助注释和工具书读懂比较浅易的文言文；学会使用常用工具书，能利用多种媒体对信息资料进行检索。

2. 写：能正确遣词造句、联句成段，写一段话能围绕中心，逐层展开，语言得体、简明、顺畅；写文章能做到中心明确、选材得当、层次清楚、书写规范，并有一定的速度；学会写作常用的应用文。养成多观察、多思考、多写多改的习惯。

3. 听：养成良好的倾听习惯，能够准确把握话语的含义、语言信息的重点和要点，能领会、复述说话人的主要意思。

4. 说：能用普通话流利地进行口语交际。初步掌握口语交际的基本方法和技巧，做到说话条理清楚，吐字清晰，语句流畅，语义明确，措词文明，能根据不同的场合、对象，完整、得体、恰当地表达自己的意思。

（二）能力培养目标

1. 培养学员爱读书、多读书、读好书的习惯，提高欣赏文学作品的能力。

2. 培养学员与人沟通、合作的交际能力。

三、核心教学内容与实训项目

序号	项目名称	课时分配			
		总课时	讲授	讨论	实训
1	记叙文	6	6		
2	说明文	6	6		
3	议论文	6	6		
4	小说与戏剧	4	4		
5	诗歌与散文	6	6		
6	文言文	6	6		
7	公务文书	6	6		
8	事务文书	6	6		
9	信息类文书	6	6		
10	书法常识	4	4		
11	听说与社交的艺术	4	4		
合计		60	60		
机动		4			
总计		64			

四、项目内容及要求

项目一　记叙文

知识短文：写人记事，写景抒情

1. 荷塘月色
2. 向中国人脱帽致敬
3. 军神
4. 丑石

项目二　说明文

知识短文：说清原理，讲明特征

1. 月亮——地球的妻子，姐妹，还是女儿
2. 汽车外形的发展
3. 天上的科学试验基地——空间站
4. 眼睛与仿生学
5. 交通运输的新宠儿——动车组

项目三　议论文

知识短文：析事说理，阐明观点

1. 读书人是幸福人
2. 半厘钱

3. 好走的都是下坡路
4. 请客

项目四　小说与戏剧

知识短文：小说与戏剧的阅读与欣赏
1. 药
2. 项链
3. 塔铺
4.《长亭送别》节选
5.《罗密欧与朱丽叶》节选

项目五　诗歌与散文

知识短文：诗歌与散文的阅读与欣赏
1. 唐诗四首
渡荆门送别
登高
琵琶行
山居秋暝
2. 宋词四首
雨霖铃
念奴娇·赤壁怀古
声声慢·寻寻觅觅
永遇乐·京口北固亭怀古
3. 现当代诗歌三首
再别康桥
面朝大海春暖花开
我愿意是急流
4.《宽容》序言

项目六　文言文

知识短文：文言文阅读常识
1. 邹忌讽齐王纳谏
2. 劝学
3.《论语》七则

项目七　公务文书

1. 公文概述
2. 通告、通知、通报
3. 报告、请示
4. 函
5. 会议纪要

项目八　事务文书

1. 计划

2. 总结

3. 规章制度

4. 事故报告

项目九 信息类文书

1. 启事与声明

2. 商品广告

3. 说明书

4. 请柬与聘书

5. 简历

6. 个人鉴定

项目十 书法常识

1. 书法概论

2. 楷书的书写

3. 行书的书写

项目十一 听说与社交的艺术

1. 听说与社交的艺术（一）介绍

2. 听说与社交的艺术（二）答问

3. 听说与社交的艺术（三）拒绝

4. 听说与社交的艺术（四）批评

5. 听说与社交的艺术（五）拜访

6. 听说与社交的艺术（六）常用的社交礼仪

7. 听说与社交的艺术（七）讲演

8. 听说与社交的艺术（八）论辩

五、考核要求

1. 本课程采用闭卷考试，百分制。

2. 命题时，项目一～五所占比例为60%，项目六～十一占40%。

3. 评分方法：理论考试占总分值70%，日常成绩（含实训）占30%。

六、大纲说明

1. 本大纲是根据2009年修订的铁路中专教育货车车辆检修专业教学计划编制的。

2. 教学建议：

(1) 结合教学内容，指导学员进行自读。

(2) 根据教学内容，组织学员进行讨论、观看戏剧片，加深对所学知识的理解。

(3) 写作教学过程中，应将教师讲解与学员自学训练相结合，在深读多练的原则下安排写作训练。

3. 教学用书：铁路职业教育铁道部规划教材《语文》(中专)，王湄主编，中国铁道出版社。

《数学》课程教学大纲

一、课程简介

本课程是货车车辆检修专业的基础课，主要讲授集合与函数、指数函数与对数函数、三角函数、复数、直线与二次曲线、空间图形、数列等内容。通过本课程的学习，使学员抽象概括能力、空间想象能力、逻辑推理能力以及分析和解决问题的能力得到进一步提高。

二、课程教学目标

（一）知识培养目标

1. 理解集合与函数的基本概念和运算方法。

2. 掌握指数函数、对数函数、三角函数的性质、运算法则。

3. 掌握直线方程常见形式及两条直线的位置关系。

4. 掌握圆、椭圆、双曲线、抛物线的标准方程。

（二）能力培养目标

1. 培养学员的基本运算能力，基本计算工具的使用能力、空间想象能力、数形结合能力、思维能力和简单实际应用能力。

2. 提高学员的数学素养，发展学员的创新意识。

三、核心教学内容与实训项目

序　号	项　目　名　称	课　时　分　配			
		总课时	讲　授	讨　论	实　训
1	集合与函数	10	10		
2	指数函数与对数函数	10	10		
3	三角函数	8	8		
4	复　数	8	8		
5	直线与二次曲线	8	8		
6	空间图形	8	8		
7	数　列	8	8		
合　计		60	60		
机　动		4			
总　计		64			

四、项目内容及要求

项目一　集合与函数

1. 集合：要求学员初步理解集合的概念，知道常用数集及其记法；初步了解集合的分类及性质；理解集合空集、子集的意义，对属于包含、相等关系的定义要掌握相关术语和符号；对集合的文字表达，符号表达及图示（韦恩图）要能转换自如。

2. 交集、并集、补集、全集：正确理解集合交集、并集、补集、全集的概念，能熟练进行交集、并集、补集的运算。

3. 一元一次不等式组：理解一元一次不等式组解集的概念，会利用数轴求简单的一元一次不等式组，掌握一元一次不等式组解集的几种情况，掌握绝对值不等式的求解方法，会正确使用集合的方法和区间方法表示绝对值不等式的解集。

4. 区间和绝对值不等式：理解并掌握区间的概念，理解函数的概念，明确决定函数的三个要素（即定义域、值域和对应法则），掌握函数的三种表示方法（即解析法、列表法和图像法），会求简单函数的定义域，会判断函数的单调性和奇偶性。

5. 反函数：理解反函数的意义，会求一些函数的反函数；掌握互为反函数的函数图像间的关系，会利用 $y=f(x)$ 与 $y=f^{-1}(x)$ 的性质解决一些问题。

项目二　指数函数与对数函数

1. 指数函数和对数函数：理解指数函数和对数函数的概念，能熟练地画出常见的指数函数$\left(底数为 2，\frac{1}{2}，10\right)$和对数函数$\left(底数为 2，\frac{1}{2}，10\right)$的图像，能利用图像掌握这两种函数的性质，能综合应用概念和性质解决实际问题。

2. 对数、常用对数和自然对数：了解对数、常用对数和自然对数的定义，掌握对数的性质、运算法则和换底公式。

3. 会用计算器计算指数与对数值。

项目三　三角函数

1. 任意角与任意角的三角函数：理解任意角与任意角的三角函数的概念，知道同角三角函数关系式。

2. 三角函数的计算：熟练掌握诱导公式，能利用计算器求任意角的三角函数值及已知三角函数值能够利用计算器求出指定范围内的角。

3. 正弦、余弦、正切函数：掌握正弦、余弦、正切函数的图像和性质，会用五点法做出三角函数的图像。

4. 正弦定理与余弦定理：掌握正弦定理与余弦定理，会解斜三角形。

项目四　复　　数

1. 复数的概念：理解复数的概念，明确复数、实数、虚数、纯虚数之间的区别和联系，了解复数的分类系统，掌握复数的几何表示法。

2. 复数的代数形式：掌握复数的代数形式的加、减、乘、除的运算法则。

3. 复数的三角形式：掌握复数的三角形式，能熟练地进行复数的三角形式和代数形式之间的互化，掌握复数的三角形式的乘、除、乘方运算法则。

4. 复数的指数形式：了解复数的指数形式。

项目五　直线与二次曲线

1. 直线的方程：了解直线的方程的概念，理解直线的倾斜角和斜率的概念，熟练掌握过两点的直线的斜率公式。

2. 直线的其他方程表示：熟练掌握直线的点斜式方程，掌握直线的斜截式、两点式、截距式方程以及直线的一般方程。

3. 直线相交、平行和垂直：掌握两条直线的夹角公式，平行和垂直的条件，交点的求法，以及点到直线的距离公式。

4. 曲线与方程：理解曲线与方程的概念，会求简单的曲线方程。

5. 圆、椭圆、双曲线和抛物线：理解圆、椭圆、双曲线和抛物线的定义，熟练掌握它们的标准方程，了解它们的性质，会作它们的图像。

项目六　空间图形

1. 空间直线、平面的概念：理解空间直线、平面的概念和平面的基本性质，会画出平面图形在水平平面内的直观图。

2. 空间直线、平面的关系：理解空间的直线和直线、直线和平面、平面和平面的位置关系，了解它们的性质定理和判定定理。

3. 异面直线：理解异面直线所成的角、直线和平面所成的角、直线垂直平面、二面角等概念，理解三垂线定理及其逆定理，并能应用这些概念和定理进行简单的计算。

4. 多面体和旋转体：了解多面体和旋转体的概念，能利用公式进行柱、锥、台、球表面积和体积的计算。

项目七　数　　列

1. 数列：理解数列的概念，会写出简单的数列的通项公式。

2. 等差数列和等比数列：理解等差数列和等比数列的概念，熟练掌握它们的通项公式、前 n 项和公式、等差中项与等比中项公式，并会综合运用这些公式进行计算。

五、考核要求

1. 本课程采用闭卷考试，百分制。

2. 命题时，项目一～四所占比例为 70%，项目五～七占 30%。

3. 评分方法：理论考试占总分值 70%，日常成绩（含实训）占 30%。

六、大纲说明

1. 本大纲是根据 2009 年修订的铁路中专教育货车车辆检修专业教学计划编制的。

2. 教学建议：教学中应突出实践性教学，加强学员“算”、“画”、“读”等基本技能的训练。

（1）算：基本运算和计算器使用。

(2) 画：最基本函数大致图形的描绘（含初中数学已学的描点作图和利用函数性质作图）和简单空间图形的描绘。

(3) 读：阅读数学图形，理解其概念、定理。

3. 教学用书：铁路职业教育铁道部规划教材《数学》（中专），邹淑桢主编，中国铁道出版社。

《铁路职业道德》课程教学大纲

一、课程简介

本课程是货车车辆检修专业的基础课，主要讲授职业道德的基本知识和概念，铁路职业道德建设与和谐铁路的关系，铁路职业道德修养，与铁路职业生活中相关的铁路法和劳动法的相关知识，重点讲授铁路职业道德规范的具体内容和基本要求。通过本课程的学习，使学员树立正确的世界观、人生观、价值观、道德观，形成良好的职业道德。

二、课程任务

（一）知识培养目标

1. 了解铁路职业道德的内涵与特征。
2. 理解铁路职业道德与和谐铁路建设的内在联系。
3. 掌握铁路职业道德的主要规范及基本要求。
4. 熟悉铁路职业道德修养的培养途径和方法。

（二）能力培养目标

1. 培养学员职业道德意识和法律意识。
2. 提高学员职业道德修养。

三、核心教学内容与实训项目

序号	项目名称	课时分配			
		总课时	讲授	讨论	实训
1	道德与职业道德概述	4	4		
2	铁路职业道德建设与和谐铁路	4	4		
3	铁路职业道德规范	14	8	6	
4	铁路职业道德修养	4	4		
5	铁路职业生活中的法律规范	4	4		
合计		30	24	6	
机动		2			
总计		32			

四、项目内容及要求

项目一　道德与职业道德概述

1. 了解道德的含义及特征。

2. 理解职业及特征，了解职业道德的内涵及特征，掌握社会主义职业道德的核心与基本原则。

3. 了解职业道德与社会主义市场经济的关系，了解职业道德与社会主义道德建设关系，了解职业道德对构建社会主义和谐社会的重大意义。

项目二　铁路职业道德建设与和谐铁路

1. 理解铁路职业道德的内涵与特点，掌握铁路职业道德的宗旨和原则，理解学习实践社会主义荣辱观，提高遵守铁路职业道德的自觉性的重大意义。

2. 了解职业道德与职工整体素质的客观需要，理解职业道德是促进事业成功的重要条件。

3. 了解和谐铁路建设对铁路职业道德提出的新要求，理解铁路职业道德对构建和谐铁路的重大意义。

项目三　铁路职业道德规范

1. 熟悉铁路职业道德基本规范的内容。

2. 了解铁路职业道德规范中各规范的基本含义和重要性。

3. 掌握铁路职业道德规范中尊客爱货、热情周到、遵章守纪、保证安全、团结协作、顾全大局、注重质量、讲究信誉、艰苦奋斗、勇于奉献、廉洁自律、秉公办事、爱路护路、尽职尽责、率先垂范、当好公仆的基本要求。

讨论要求：结合铁路工作实例，组织学员对铁路职业道德规范的基本要求进行讨论。

项目四　铁路职业道德修养

1. 了解铁路职业道德修养的内涵和目的，了解加强铁路职业道德修养的意义。

2. 了解铁路职业道德修养的内容，掌握铁路职业道德修养的途径和方法。

项目五　铁路职业生活中的法律规范

1. 了解《中华人民共和国铁路法》的立法目的和适用范围，了解铁路运输营业管理有关法律规定，理解铁路运输合同的有关法律规定，了解铁路安全与保护的有关法律规定。

2. 理解《中华人民共和国劳动法》的基本原则，了解劳动者的基本权利和义务，理解劳动合同的有关法律规定，掌握解决劳动争议的途径。

五、考核要求

1. 本课程采取闭卷考试，百分制。

2. 命题时，项目一占10%，项目二占15%，项目三占40%，项目四占20%，项目五占15%。

3. 评分方法：理论考试占总分值70%，日常成绩（含实训）占30%。

六、大纲说明

1. 本大纲是根据 2009 年修订的铁路中专教育货车车辆检修专业教学计划编制的。

2. 教学建议：

（1）教学中应结合教学内容，进行思想品质、职业道德、工作作风方面的教育。

（2）教学中应积极进行教法改革，运用现代教学手段，贯彻以能力本位、以学员为主体等教学原则，培养学员分析问题、解决问题的能力和创新意识。

（3）教学中应注重铁路建设的新理念，铁路职业道德建设的新经验的收集，补充和更新教学内容。

3. 教学用书：铁路职业教育铁道部规划教材《铁路职业道德》，王跃庆主编，中国铁道出版社。

《计算机应用基础》课程教学大纲

一、课程简介

本课程是铁路货车车辆检修专业的基础课，主要讲授计算机及网络基础知识、微机操作系统、文字处理软件、电子表格软件和相关演示软件的基本知识及基本操作。通过本课程的学习，使学员掌握计算机应用的基础知识，具有操作和使用微机系统的基本能力。

二、课程教学目标

（一）知识培养目标

1. 使学员了解和掌握计算机的基本知识。包括计算机硬件和软件的基本概念、微机的基本构成及各部件的功能、计算机网络基本知识、微机操作系统 WindowsXP、中文处理软件 Word 2003、中文电子表格软件 Excel 2003 和演示软件 PowerPoint 2003 的基本知识及基本操作等，了解计算机硬件与软件的关系以及计算机发展趋势。

2. 掌握计算机的文字处理和数据处理方法，借助计算机工具查阅、收集、处理相关数据。

（二）能力培养目标

1. 掌握计算机的基本操作技能，具有较强的上机操作能力。

2. 培养学员的计算机应用能力，掌握应用计算机工具创作作品的基本技能。

三、核心教学内容与实训项目

序号	项目名称	课时分配			
		总课时	讲授	讨论	实训
1	计算机基础知识	4	4		
2	中文操作系统 WindowsXP	12	6		6
3	中文处理软件 Word 2003	28	12	2	14
4	中文电子表格 Excel 2003	28	12	2	14
5	演示文稿 PowerPoint 2003	12	6		6
6	计算机网络基础	6	4		2
合计		90	44	4	42
机动		6			
总计		96			

四、项目内容及要求

项目一　计算机基础知识

1. 掌握计算机的定义，了解计算机的发展及特点，熟悉计算机的分类。

2. 熟悉多媒体计算机系统的组成及其结构。

3. 掌握计算机系统的主要连接方法和正确使用技巧。

4. 掌握计算机病毒及其防治的方法。

项目二　中文操作系统 WindowsXP

1. 了解 WindowsXP 的基本概念、特点和界面组成，掌握其界面操作。

2. 了解多任务的概念，掌握应用程序的运行、切换和退出。

3. 了解文件的基本概念，掌握“我的电脑”、“资源管理器”的使用及文件与文件夹的操作。

4. 掌握磁盘的基本操作。

5. 掌握控制面板中的主要操作。

实训要求：通过对 WindowsXP 系统的上机操作实训，进一步掌握 WindowsXP 操作技能，并能在工作中应用。

项目三　中文处理软件 Word 2003

1. 了解 Word 2003 的功能及启动、退出方法，了解其界面组成。

2. 掌握 Word 2003 的基础操作和排版技术。

3. 掌握 Word 2003 表格的制作和计算。

4. 了解数学公式的制作。

5. 掌握 Word 2003 的图文混排功能。

实训要求：通过对 Word 2003 文字处理系统的上机操作实训，掌握 Word 2003 文字处理技能，能使用该软件进行相关文字处理工作。

项目四　中文电子表格 Excel 2003

1. 了解 Excel 基本功能及基本概念。

2. 掌握 Excel 的基本操作。

3. 掌握公式和函数的使用。

4. 掌握工作表的格式化。

5. 掌握图表的使用及打印。

6. 掌握数据库操作及数据的保护。

实训要求：通过对 Excel 2003 电子表格系统上机操作实训，熟悉工作表的建立和各种操作，掌握电子表格处理软件 Excel 2003 的使用技能。

项目五　演示文稿 PowerPoint 2003

1. 熟悉演示文稿中的基本工作界面，掌握演示文稿的创建方法。

2. 掌握在幻灯片上输入和编辑文本、图形的方法，熟悉演示文稿的修改技巧。

3. 掌握幻灯片的放映设置和操作方法。

4. 掌握演示文稿的打印设置。

实训要求：通过对 PowerPoint 2003 演示文稿上机操作实训，掌握中文演示软件 PowerPoint 2003 演示文稿创建方法、修改技巧等技能。

项目六　计算机网络基础

1. 了解计算机网络的定义、功能、分类以及计算机网络系统的组成。

2. 掌握 Internet 的连接方法与浏览方法。

3. 掌握电子邮件的基本操作。

实训要求：通过计算机网络与 Internet 操作实训，掌握 Internet 的连接与浏览方法以及电子邮件等的基本操作技能，会上网收集信息和使用电子邮件。

五、考核要求

1. 采用百分制评定，采取理论闭卷考试与上机实作考试相结合方式进行考核。

2. 命题时，项目一占 5%，项目二占 10%，项目三占 15%，项目四占 15%，项目五、六占 5%。

3. 评分方法：理论闭卷考试与上机考试成绩各占 50%。

4. 上机实际操作考试应注意与现场实际工作相结合，主要考核学员上机操作能力、分析问题和解决问题能力。有条件的可利用考试软件进行考试。

六、大纲说明

1. 本大纲是根据 2009 年修订的铁路中专教育货车车辆检修专业教学计划编制的。

2. 本课程重点应突出操作技能，在教学过程中要运用多媒体网络技术和微机教室进行教学，培养训练学员的上机操作技能和创新能力。

3. 教学用书：铁路职业教育铁道部规划教材《计算机应用基础》（中专），姬立中主编，中国铁道出版社。

《铁道概论》课程教学大纲

一、课程简介

本课程是货车车辆检修专业的专业基础课，是为学习专业课提供必要的基础知识而设置的。课程比较全面、扼要地介绍了铁路运输业，阐述了铁路基本知识与基本原理，主要讲授运输业的性质与种类，我国铁路的发展情况，铁路线路、站场、车辆、机车、动车组、信号与通信等运输设备知识及原理，铁路客货运与行车工作组织，高速和重载铁路运输知识等内容。课程重点围绕和谐铁路的建设，突出铁路新技术、新装备、新工艺、新标准。

二、课程教学目标

（一）知识培养目标

1. 了解运输业的性质、作用、特点及我国铁路的发展史，重点掌握我国铁路取得的巨大成就和和谐铁路的建设蓝图。

2. 系统掌握铁路线路、站场、车辆、机车、动车组、信号与通信、电气化铁道供电设备等运输设备的基本知识及基本原理。

3. 掌握铁路客货运输产品的生产流程。

4. 了解高速铁路、重载运输的一些关键技术。

（二）能力培养目标

1. 建立铁路运输的整体概念，树立铁路运输高度集中、统一指挥的重要理念。

2. 确定本专业在整个铁路运输业中的地位和重要性，为后续课程的学习奠定基础。

三、核心教学内容与实训项目

序号	项目名称	课时分配：总课时	讲授	讨论	实训
1	绪　论	4	4		
2	铁路线路	10	6		4
3	车　站	12	6	2	4
4	铁路车辆	10	8		2
5	铁路机车	10	8		2

续上表

序号	项目名称	课时分配			
		总课时	讲授	讨论	实训
6	铁路动车组	12	8	2	2
7	铁路信号和通信	14	8		6
8	铁路运输组织	12	8		4
9	高速铁路和重载运输	6	4	2	
合计		90	60	6	24
机动		6			
总计		96			

四、项目内容及要求

项目一　绪　论

1. 了解现代交通运输业的作用、性质和种类。

2. 了解铁路运输业的发展史，了解我国铁路运输业的发展、掌握铁路运输业的特点、任务、我国铁路的管理组织机构。

3. 熟悉《中长期铁路网规划》、铁路“十一五”规划的主要内容及和谐铁路建设良好开局情况。

项目二　铁路线路

1. 了解铁路勘测设计基本情况，掌握铁路等级和主要的技术标准，了解铁路等级划分条件。

2. 熟悉铁路线路的平面的组成、曲线（圆曲线、缓和曲线）的基本要素及对运营条件的影响，了解铁路线路的纵断面的组成及坡度设置对运营条件的影响，掌握线路标志的种类及用途。

3. 熟悉路基的组成及路基的基本形式、了解路基的排水和防护的措施，熟悉桥隧建筑物的种类及用途，掌握道口、交叉及线路接轨的基本知识。

4. 掌握轨道的组成及各部分的作用，重点掌握普通单开道岔及提速道岔的组成、原理、道岔号数确定方法，熟悉其他类型道岔与交叉设备，了解无缝线路、新型轨下基础与普通线路、轨下基础的关系，掌握轨道上两股钢轨的相互位置及与运营的关系。

5. 掌握机车车辆限界、建筑限界的含义、用途及主要的技术参数。

6. 了解线路经常维修、线路大修、线路中修、线路作业机械化的基本知识。

实训要求：

1. 通过对线路、路基、桥隧建筑物、道口（交叉、线路接轨）等的现场教学，掌握铁路线路相关基本知识。

2. 通过理论结合实际讲解，掌握铁路线路对运营条件尤其是安全的影响、牢固树立安全意识。

项目三　车　　站

1. 掌握车站、区间、闭塞分区、区段及站界、车站线路与线路间距、股道和道岔的编号及股道有效长等基本概念、分类及用途，重点掌握股道、道岔的编号方法和股道有效长的确定方法，形成车站整体概念。

2. 熟悉中间站、区段站的主要设备、主要作业、图型，掌握会让站、越行站的主要用途。

3. 熟悉编组站的任务及主要作业、编组站主要设备、分类、布置图及主要类型，掌握编组站的主要作业流程，掌握平面牵出线、驼峰调车的原理，熟悉驼峰的分类、驼峰的平（纵）断面、驼峰调速系统、驼峰调速设备，了解编组站综合自动化的基本情况。

4. 了解铁路枢纽的含义、铁路枢纽设备、铁路枢纽类型的基本知识。

实训要求：通过现场参观各种车站设备、直观理解，掌握其设置的目的、意义。

项目四　铁路车辆

1. 掌握车辆的分类、用途、车辆标记、车辆方位和技术参数等基本知识。

2. 掌握车辆的车体、车内设备、走行装置、车钩缓冲装置、制动装置等五大部分的用途、构造组成及作用原理，重点掌握走行装置、车钩缓冲装置、制动装置三大部件的构造组成、工作原理及使用，形成车辆的整体概念。

3. 了解我国现行的铁道车辆检修制度及车辆检修场所的种类、分工。

4. 了解红外线轴温探测系统、车辆动态检测系统、“5T”检测系统。

实训要求：

1. 通过现场参观，掌握车辆的分类、用途、车辆标记、车辆方位和技术参数等基本知识。

2. 通过现场参观，掌握车辆的车体、车内设备、走行装置、车钩缓冲装置、制动装置等五大部分的用途、构造组成及作用原理，了解检修制度及检测系统。

项目五　铁路机车

1. 掌握机车分类。

2. 掌握电传动内燃机车的基本组成及各部作用、电传动内燃机车的基本工作原理，了解内燃机车的发展情况。

3. 熟悉电气化铁道供电系统的基本知识。

4. 掌握电力机车的基本组成、工作原理及各部作用，了解电力机车的发展情况。

5. 了解机车运用与检修的基本知识。

实训要求：

1. 通过现场参观，掌握内燃机车、电力机车的基本组成、工作原理及各部作用，了解机车运用与检修的基本知识。

2. 通过现场参观，熟悉电气化铁道供电系统的基本知识。

项目六　铁路动车组

1. 掌握动车组的基本概念、分类、主要技术特点。

2. 了解国外高速列车的运用情况。

3. 了解国内动车组发展历程。

4. 掌握和谐号动车组编号规则、了解和谐号动车组基本参数，了解 CRH_1、CRH_2、CRH_3、CRH_5 型动车组的基本情况，掌握 CRH_1 型动车组的编组、高压供电系统、辅助供电系统、牵引系统、司机室、车钩、转向架、制动系统、列车控制管理系统、安全系统等整个系统组成、功能。

5. 了解动车组修程、修制，了解动车运用段和动车运用所布局。

实训要求：通过现场参观，掌握动车组各个系统的组成、功能。

项目七　铁路信号和通信

1. 掌握铁路信号的概念、作用、设备构成及其分类。

2. 掌握信号装置的分类、信号机的种类、设置，了解色灯信号机机构，掌握继电器的基本工作原理，掌握轨道电路的概念、作用、基本工作原理，熟悉轨道电路的组成、几种常用轨道电路的基本知识，掌握转辙机的作用、分类、设置、特点，熟悉转辙机的主要部件及其作用。

3. 掌握联锁的基本概念、基本内容、联锁设备的分类，了解大站继电式6502电气集中联锁设备、计算机联锁设备的用途、设备组成、基本工作原理。

4. 掌握闭塞设备的分类，掌握半自动闭塞、自动站间闭塞、自动闭塞等闭塞设备的基本概念、作用、设备组成及基本工作原理。

5. 熟悉机车信号、站内轨道电路电码化、列车运行超速防护的基本概念、作用、设备组成及基本工作原理。

6. 熟悉TDCS、CTC系统的基本概念、总体结构、原理及功能。

7. 熟悉驼峰场信号设备的组成、作用及其特点，了解自动化驼峰各子系统的功能及基本工作原理，了解编组站综合自动化控制系统的基本概念。

8. 了解电话通信、专用通信、GSM-R等铁路通信系统基本功能及对铁路运输产生的作用。

实训要求：

1. 通过现场参观，掌握信号装置、轨道电路、转辙机的基本知识。

2. 通过现场参观，掌握联锁的基本关系，了解继电联锁设备、计算机联锁设备的用途、设备组成、基本工作原理。

3. 通过现场参观，熟悉TDCS、CTC系统的总体结构及功能。

4. 通过现场参观，熟悉驼峰场信号设备的组成、作用。

项目八　铁路运输组织

1. 掌握旅客列车种类、旅客运输生产过程、动车组列车旅客运输生产过程、行李、包裹运输的组织，强化旅客安全运输意识，树立合同意识。

2. 掌握货物运输的种类、货物运到期限、货物运输生产过程、铁路集装运输与特种货物运输的概念和基本条件，了解全路货运营销及生产管理系统（FMOS）的基本情况，了解铁路货运事故的分类及处理的基本原则，强化货物运输的安全意识，树立合同意识。

3. 掌握列车的编组、列车运行图及通过能力、铁路运输调度指挥、车站行车组织工作的基本概念和组织内容。

4. 掌握行车安全、人身安全的基本要求及预防措施。

实训要求：

1. 通过现场参观，掌握旅客运输生产过程、动车组列车旅客运输生产过程、行李、包裹运输的组织。

2. 通过现场参观，掌握货物运输生产过程。

3. 通过现场参观，掌握铁路运输调度指挥、车站行车组织工作的基本内容。

项目九　高速铁路和重载运输

1. 了解高速铁路概况、模式、划分的一般知识，了解高速铁路发展历程及铁路六次提速等基本情况。

2. 熟悉高速铁路线路与车站、高速铁路牵引动力与车辆的技术设备。

3. 了解高速铁路和动车组运输组织办法。

4. 熟悉重载铁路的标准，熟悉重载运输的三种模式的基本知识。

5. 了解重载运输技术设备基本知识。

6. 了解重载运输组织方式。

五、考核要求

1. 本课程采取百分制评定、闭卷考试方法考核。

2. 命题时，项目一、九占 10%，项目二、三占 30%，项目四、五、六占 35%，项目七、八占 25%。

3. 评分方法：理论考试占总体分值 70%，日常成绩（含实训）占 30%。

六、大纲说明

1. 本大纲是根据 2009 年修订的铁路中专教育货车车辆检修专业教学计划编制的。

2. 教学建议：

（1）教学中应结合教学内容，进行思想品质、职业道德、工作作风方面的教育。

（2）教学中应积极进行教法改革，运用现代教学手段，贯彻以能力本位、以学员为主体等教学原则，培养学员分析问题、解决问题的能力和创新意识。

（3）教学中应注重铁路新技术、新装备、新工艺的收集，补充和更新教学内容。

（4）注意改革学习成绩的考核手段和办法，探索新的科学的评价方法。

3. 大纲列出的课时分配为建议性方案，教师在具体实施时可结合学员情况适当调整（10%左右）。

4. 教学用书：铁路职业教育铁道部规划教材《铁道概论》，周平主编，中国铁道出版社。

《机械识图》课程教学大纲

一、课程简介

本课程是货车车辆检修专业的基础课，是研究绘制和识读机械图样的基本原理和方法的一门学科，是货车车辆检修专业的一门实践性很强的职业基础课程。

二、课程教学目标

（一）知识培养目标

1. 掌握正投影法的基本理论和基本方法。
2. 能够识读中等复杂程度的机械零件图和简单的装配图。
3. 能够测绘中等复杂程度的机械零件。
4. 能够绘制简单的装配图。

（二）能力培养目标

1. 具有识读和绘制中等复杂程度的机械零件图和装配图的基本能力。
2. 具有一般的空间想象能力和空间思维能力。
3. 培养学员认真负责的绘图工作态度和一丝不苟的工作作风。

三、核心教学内容与实训项目

序号	项目名称	课时分配			
		总课时	讲授	讨论	实训
1	识图基本知识	2	2		
2	几何作图	4	4		
3	投影基本知识	4	4		
4	基本体	4	4		
5	轴测图	4	4		
6	立体表面的交线	4	4		
7	组合体	4	4		
8	机件的基本表示法	4	4		
9	标准件和常用件	6	6		
10	零件图	4	4		

续上表

序 号	项 目 名 称	课 时 分 配			
		总课时	讲 授	讨 论	实 训
11	装配图	4	4		
合 计		44	44		
机 动		4			
总 计		48			

四、项目内容及要求

项目一 识图基本知识

1. 了解图样的概念。
2. 掌握绘图工具和用品的规定。
3. 掌握制图国家标准的基本规定。

项目二 几何作图

1. 掌握等分作图与圆弧连接。
2. 掌握斜度与锥度。
3. 掌握平面图形的画法。
4. 熟悉草图的画法。

项目三 投影基本知识

1. 掌握投影法的基本概念。
2. 掌握三视图的形成及其对应关系。

项目四 基 本 体

1. 了解平面体。
2. 熟悉回转体。
3. 掌握基本体的尺寸注法。

项目五 轴 测 图

1. 了解轴测图的基本知识。
2. 熟悉平面体的轴测图画法。
3. 熟悉回转体的轴测图画法。

项目六 立体表面的交线

1. 掌握截交线。
2. 熟悉相贯线。
3. 掌握截断体与相贯体的尺寸注法。

项目七 组 合 体

1. 熟悉组合体的形体分析。
2. 掌握组合体三视图的画法。
3. 掌握组合体的尺寸注法。
4. 熟悉读组合体视图的方法。

项目八　机件的基本表示法

1. 掌握视图。

2. 熟悉剖视图。

3. 熟悉截面图。

4. 了解其他表达方法。

项目九　标准件和常用件

1. 了解螺纹及螺纹紧固件。

2. 掌握齿轮表示法。

3. 熟悉键与销。

4. 熟悉滚动轴承。

5. 熟悉弹簧。

项目十　零 件 图

1. 了解零件图的概述。

2. 掌握零件图的视图选择。

3. 掌握零件图上的尺寸标注。

4. 熟悉零件图上的技术要求。

5. 了解零件上常见的工艺结构。

6. 能识读零件图。

实训要求：能进行各零件的测绘、进行尺寸标注。

项目十一　装 配 图

1. 掌握装配图的内容和表示法。

2. 掌握装配图中的尺寸标注、零部件的序号和明细表。

3. 熟悉常见装配结构简介。

4. 掌握画装配图的方法与步骤。

5. 能读装配图和拆画零件图。

实训要求：能绘制装配图，并能在装配图上进行尺寸标注。

五、考核要求

1. 采取百分制评定、闭卷考试方法考核。

2. 命题时，项目一、二、三占 30%，项目四、七、十占 60%，项目五、六、十一占 10%。

3. 评分方法：理论考试占总体分值 50%，日常成绩（含实训）占 50%。

六、大纲说明

1. 本大纲是根据 2009 年修订的铁路中专教育货车车辆检修专业教学计划编制的。

2. 大纲列出的课时分配为建议性方案，教师在具体实施时可结合学员情况适当调整(10%左右)。

3. 结合本专业的实际情况，酌情增加专业绘图内容。

4. 教学用书：铁路职业教育铁道部规划教材《机械识图》（中专）、《机械识图习题集》（中专），戴永康主编，中国铁道出版社。

《机械基础》课程教学大纲

一、课程简介

本课程是货车车辆检修专业的基础课，主要由工程力学、互换性与技术测量、机构与机械零件三部分组成，是后续专业课学习的基础。

二、课程教学目标

（一）知识培养目标

1. 明确静力学基本概念，初步掌握物体受力分析的基本方法。
2. 了解杆件的基本变形形式。
3. 了解互换性、机械加工精度的概念。
4. 熟悉有关公差配合的术语、定义。
5. 掌握长度测量的基本知识。
6. 了解常用机构的工作原理、特点及应用。
7. 了解键联接、销联接及螺纹联接的特点、类型及应用。
8. 掌握带传动、链传动特别是齿轮传动的类型、特点及应用。
9. 掌握轴系零件的基本知识。

（二）能力培养目标

1. 熟练应用各种力系的平衡方程解物体的平衡问题。
2. 掌握杆件的基本变形的强度计算方法。
3. 能正确进行尺寸公差、形位公差及粗糙度的标注。

三、核心教学内容与实训项目

序　号	项　目　名　称	课　时　分　配			
		总课时	讲　授	讨　论	实　训
1	静力学绪论　静力学基本概念	4	4		
2	平面汇交力系与平面力偶系	6	6		
3	平面任意力系	4	4		
4	摩　擦	2	2		

续上表

序　号	项　目　名　称	课　时　分　配			
		总课时	讲　授	讨　论	实　训
5	材料力学绪论　拉伸与压缩	4	4		
6	剪切与挤压	2	2		
7	圆轴扭转	2	2		
8	直梁弯曲	6	6		
9	互换性与技术测量绪论　公差与配合	6	6		
10	长度测量基础	2	2		
11	形状和位置公差	6	6		
12	表面粗糙度	2	2		
13	机构与机械零件绪论平面连杆机构	8	8		
14	凸轮机构和间歇运动机构	4	4		
15	联接	6	6		
16	带传动与链传动	6	6		
17	齿轮传动	10	10		
18	支承零部件	10	8	2	
合　　计		90	88	2	
机　　动		6			
总　　计		96			

四、项目内容及要求

项目一　静力学绪论　静力学基本概念

1. 了解静力学，静力学研究的内容及方法。
2. 掌握力、刚体、平衡的概念及静力学公理。
3. 熟悉约束与约束力的概念，常见的约束型及其反力特点。

项目二　平面汇交力系与平面力偶系

1. 掌握力在坐标轴上的投影；合力投影定理。
2. 掌握平面汇交力系合成的解析法。
3. 掌握平面汇交力系的平衡方程及其应用。
4. 熟悉力矩的概念及计算；合力矩定理。
5. 熟悉力偶的概念及性质。
6. 了解平面力偶的概念及性质。

项目三　平面任意力系

1. 了解平面任意力系的平衡方程及其应用。
2. 熟悉物体系统的平衡问题。

项目四　摩　　擦

1. 了解滑动摩擦；考虑摩擦时物体的平衡问题。

2. 了解滚动摩擦简介。

项目五　材料力学绪论　拉伸与压缩

1. 掌握构件的强度和刚度、材料力学的任务。

2. 了解变形固体及其基本假设。

3. 了解杆件的基本变形形式。

4. 掌握拉伸与压缩的概念。

5. 了解拉伸与压缩时的内力、截面法、轴力图。

6. 了解拉伸与压缩时的变形、胡克定律。

7. 熟悉材料的力学性能。

8. 了解许用应力与安全系数。

9. 掌握拉伸与压缩时的强度计算。

项目六　剪切与挤压

1. 掌握剪切与挤压的概念。

2. 了解剪切与挤压的实用计算。

项目七　圆轴扭转

1. 掌握圆轴扭转的概念。

2. 熟悉圆轴扭转时的内力、扭矩图。

3. 了解圆轴扭转时横断面上的压力、圆轴的扭转变形。

4. 了解圆轴的扭转强度与刚度计算。

项目八　直梁弯曲

1. 掌握平面弯曲的概念。

2. 熟悉梁的内力、剪力图与弯矩图。

3. 了解梁的正应力、载面的二次轴矩与弯曲截面系数。

4. 了解梁的正应力强度计算；提高梁弯曲强度的措施。

5. 了解弯曲变形的概念。

项目九　互换性与技术测量

1. 了解互换性、几何量公差、标准与标准化、优先数系等概念。

2. 熟悉孔轴、尺寸、公差、偏差、配合等基本术语及定义，孔轴极限尺寸与配合。

3. 掌握一般公差的概念、一般公差的等级和极限偏差值的确定；一般公差的标注、公差等级、基准制和配合的选用。

项目十　形状和位置公差

1. 了解形状和位置公差的基本概念及其对零件使用性能的影响，形位公差的研究对象。

2. 了解形状和位置公差项目及标注方法，形状和位置公差的公差带。

3. 了解形位误差的评定与检测原则；处理形位公差与尺寸公差的公差原则；形位公差的选择。

项目十一　测量技术基础

1. 掌握测量的概念及测量过程 4 要素；长度量值传递系统。

2. 熟悉计量议器的分类及主要度量指标；测量器具的选择原则；测量方法的分类。

3. 了解光滑极限量规的作用和分类，光滑极限量规的设计原则、公差带及其尺寸计算。

4. 了解测量误差的概念；测量精度的概念。

项目十二　表面粗糙度

1. 掌握表面粗糙度的概念及其对零件使用性能的影响。

2. 熟悉表面粗糙度的评定标准，表面粗糙度的参数特征及其应用。

3. 熟悉表面粗糙度的符号意义与代号标注；表面粗糙度的检测方法。

项目十三　机构与机械零件　平面连杆机构

1. 掌握机械、机器、机械；构件、零件、部件。

2. 了解平面运动副及其分类；机构运动简图。

3. 了解平面四杆机构的基本形式及曲柄存在条件。

4. 了解铰链四杆机构的基本形式及其运用。

5. 了解曲柄滑块机构、导杆机构、摇块机构和定块机构。

6. 了解平面四杆机构的传动特性。

项目十四　凸轮机构和间歇运动机构

1. 熟悉凸轮机构的组成、特点、分类和应用。

2. 熟悉棘轮机构的工作原理、特点、应用。

3. 了解槽轮机构的工作原理、特点、应用。

项目十五　连　　接

1. 了解键连接的分类、工作原理、结构、作用。

2. 了解花键连接的结构、特点。

3. 了解销连接的基本形式及其特点。

4. 了解螺纹的形成及主要参数；螺纹的分类。

5. 了解螺纹连接的基本形式；螺纹连接件。

6. 了解螺纹连接的予紧与防松。

7. 了解螺旋传动的类型、特点和应用。

8. 熟悉常用联轴器和离合器的类型、结构、特点及应用。

项目十六　带传动和链传动

1. 了解带传动的工作原理、特点、类型和应用。

2. 熟悉 V 带的构造及标准。

3. 理解带传动的工作能力分析；带的弹性滑动与打滑。

4. 熟悉带传动的安装、张紧和维护。

5. 了解链传动的特点、分类和应用；链传动的布置、张紧和润滑。

项目十七　齿轮传动

1. 熟悉齿轮传动的类型与特点。

2. 理解齿廓啮合基本定律。

3. 理解渐开线的形成及渐开线的性质。

4. 掌握标准渐开线齿轮各部分名称、基本参数；标准直齿圆柱齿轮的尺寸计算。

5. 理解一对渐开线齿轮的啮合传动；渐开线齿轮传动的优点；直齿圆柱齿轮的正确啮

合条件；标准中心距；连续传动条件。

6. 了解斜齿圆柱齿轮传动的特点、主要参数、基本尺寸及正确啮合条件。

7. 了解蜗杆传动的组成、特点、类型和应用；主要参数和几何尺寸。

8. 了解轮系的分类和应用；定轴轮系的传动比。

项目十八　支承零部件

1. 掌握轴的功用、分类及常用材料；轴的结构。

2. 了解滑动轴承的分类、润滑状态；滑动轴承的结构形式和应用；轴瓦的结构和材料。

3. 熟悉滚动轴承的构造、基本形式、代号、特点。

4. 熟悉滚动轴承的类型选择。

五、考核要求

1. 采取百分制评定、闭卷考试方法考核。

2. 命题时，项目一、二、三占 30%，项目五、十五、十六、十七占 60%，项目六、七、八、十二占 10%。

3. 评分方法：理论考试占总体分值 50%，日常成绩（含实训）占 50%。

六、大纲说明

1. 本大纲是根据 2009 年修订的铁路中专教育货车车辆检修专业教学计划编制的。

2. 大纲列出的课时分配为建议性方案，教师在具体实施时可结合学员情况适当调整(10%左右)。

3. 本大纲的制定充分考虑了学员对基本知识、基本理论和基本技能的掌握。执行本大纲时，应注重现代教学手段的应用，结合现场实践，加强形象教学、课件教学。

4. 教学用书：铁路职业教育铁道部规划教材《机械基础》，朱鹏超主编，中国铁道出版社。

《金属工艺学》课程教学大纲

一、课程简介

本课程是货车车辆检修专业的基础课，主要介绍金属材料及其成形加工方面的知识，培养学员高度重视产品质量的意识，为学员进行后续专业课的学习奠定基础知识。

二、课程教学目标

（一）知识培养目标

1. 了解典型金属材料的性能、牌号及应用方面的知识。
2. 熟悉典型金属零件成形加工方法的基本原理和工艺特点。
3. 了解主要成形加工方法所用设备的工作原理和使用范围。

（二）能力培养目标

1. 具有较强的实践能力，会用理论知识解决或分析实际问题。
2. 培养从事机械制造和维修行业应用型、管理型、操作型复合人才。
3. 培养学员综合工程素质、技术应用能力、经济意识、环保意识和创新能力。

三、核心教学内容与实训项目

序号	项目名称	课时分配			
		总课时	讲授	讨论	实训
1	绪论	2	2		
2	金属的力学性能	4	4		
3	铁碳合金状态图	4	4		
4	碳钢	4	4		
5	钢的热处理	4	4		
6	低合金钢与合金钢	4	4		
7	铸铁	4	4		
8	有色金属及其合金	4	4		
9	非金属材料	2	2		
10	铸造	4	4		

续上表

序号	项目名称	课时分配			
		总课时	讲授	讨论	实训
11	锻压	4	4		
12	金属切削加工基础知识	4	2	2	
	合计	44	42	2	
	机动	4			
	总计	48			

四、项目内容及要求

项目一　绪　　论

1. 了解本课程的任务和学习内容。
2. 了解本课程的教学目标和教学方法。

项目二　金属的力学性能

1. 掌握金属材料的分类、钢铁的冶炼过程。
2. 掌握金属的强度、塑性、硬度、韧性和金属疲劳的概念。
3. 熟悉硬度试验，演示拉伸试验及冲击试验。

项目三　铁碳合金状态图

1. 了解合金的组织、Fe-Fe_3C 合金状态图。
2. 了解铁碳合金的成份，Fe-Fe_3C 状态图的应用。
3. 实验：铁碳合金组织观察。

项目四　碳　　钢

1. 熟悉碳钢的分类。
2. 熟悉钢的牌号、性能和应用。

项目五　钢的热处理

1. 掌握热处理的概念、目的、分类及应用。
2. 熟悉退火和正火、淬火、回火的目的、方法及应用。
3. 熟悉钢在加热时的转变、钢在冷却时的转变。
4. 了解钢的热处理原理。
5. 了解钢的表面热处理、零件的热处理分析、化学热处理及热处理新技术。

项目六　低合金钢与合金钢

1. 掌握合金元素在钢中的作用。
2. 熟悉合金钢的分类和牌号。
3. 熟悉合金钢结构、合金工具钢的牌号、性能及应用。
4. 了解特殊性能钢。

项目七　铸　　铁

1. 掌握铸铁的分类、特点、石墨化及其影响因素。

2. 理解灰铸铁、球墨铸铁的牌号、性能及应用。

3. 了解可锻铸铁、蠕墨铸铁和合金铸铁。

项目八　有色金属及其合金

1. 熟悉工业纯铝、常用变形铝合金和铸造铝合金的牌号、性能及应用。

2. 熟悉工业纯铜、常用黄铜和青铜的牌号、性能及应用。

3. 了解轴承合金。

项目九　非金属材料

1. 熟悉工程塑料和复合材料的特性、分类及应用。

2. 了解其他非金属材料。

项目十　铸　　造

1. 掌握铸造生产的特点、分类及应用。

2. 熟悉砂型铸造。

项目十一　锻　　压

1. 熟悉金属锻压的特点、分类及应用。

2. 熟悉自由锻的特点、基本工序及应用。

3. 了解模锻及胎模锻。

4. 熟悉板料冲压的特点、基本工序及应用。

项目十二　金属切削加工基础知识

1. 掌握金属切削机车的分类及型号编制方法。

2. 了解金属的切削加工性。

3. 了解零件结构的切削加工工艺性。

4. 熟悉生产和工艺过程、生产类型及其工艺特性。

5. 掌握典型零件加工工艺。

实训要求：通过现场教学，要求学员掌握切削加工等相关知识。

五、考核要求

1. 采取百分制评定、闭卷考试方法考核。

2. 命题时，项目一、二、四、五占 30%，项目六、七、八、十、十一占 60%，项目十二占 10%。

3. 评分方法：理论考试占总体分值 70%，日常成绩（含实训）占 30%。

六、大纲说明

1. 本大纲是根据 2009 年修订的铁路中专教育货车车辆检修专业教学计划编制的。

2. 大纲列出的课时分配为建议性方案，教师在具体实施时可结合学员情况适当调整(10%左右)。

3. 教学过程应积极采用先进的多媒体课件教学，结合新材料、新工艺、新设备讲解。

4. 教学过程中应注意与其他专业课的衔接与配合。

5. 教学用书：铁路职业教育铁道部规划教材《金属工艺学》，王英杰主编，中国铁道出版社。

《液压与气动》课程教学大纲

一、课程简介

本课程是货车车辆检修专业的基础课，通过本课程学习，使学员具备从事货车车辆检修专业应用工作所必须的液压与气压传动的基本知识，初步具有对液压与气压传动设备使用、调整及故障分析和排除的能力。

二、课程教学目标

（一）知识培养目标

1. 掌握液压与气压传动的基本理论知识及应用。
2. 掌握各类液压与气压元件的结构、工作原理及应用。
3. 掌握液压与气压传动的基本回路及系统。

（二）能力培养目标

1. 能看懂一般的液压与气压传动系统图，并能设计简单的液压与气压系统。
2. 培养学员搜集资料、阅读资料和利用资料的能力。
3. 培养学员的自学能力。

三、核心教学内容与实训项目

序号	项目名称	课时分配			
		总课时	讲授	讨论	实训
1	绪论	2	2		
2	液压与气动的基础理论	6	6		
3	液压传动基本元件	14	12	2	
4	液压系统基本回路	6	6		
5	典型液压传动系统	2	2		
6	气压传动系统的基本组成	6	6		
7	气动基本回路	4	4		
8	典型气压传动系统	4	2	2	
合计		44	40	4	
机动		4			
总计		48			

四、项目内容及要求

项目一　绪　　论

1. 掌握液压传动的组成及工作原理。

2. 了解液压传动的特点及应用。

项目二　液压与气动的基础理论

掌握液体流体力学基础理论。

项目三　液压传动基本元件

1. 了解液压动力元件、执行元件、控制元件、辅助元件及工作介质。

2. 熟悉在系统中的应用、类型及原理。

项目四　液压系统基本回路

1. 掌握方向控制回路的组成及原理。

2. 掌握压力控制回路的组成及原理。

3. 掌握速度控制回路的组成及原理。

4. 了解多缸动作回路的组成及原理。

项目五　典型液压传动系统举例

1. 理解机床动力滑台的液压传动系统。

2. 理解磨床等的液压传动系统。

项目六　气压传动系统的基本组成

1. 了解气源装置的构造及原理。

2. 了解辅助元件、执行元件、控制元件、工作介质等的构造及原理。

项目七　气动基本回路

1. 理解气压传动系统的方向控制回路的组成及原理。

2. 理解压力控制回路的组成及原理。

3. 理解速度控制回路及其他常用基本回路的组成及原理。

项目八　典型气压传动系统

1. 熟悉阅读气压传动系统图的方法、步骤。

2. 理解分析系统的组成及元件在系统中的应用。

五、考核要求

1. 采取百分制评定、闭卷考试方法考核。

2. 命题时，项目一、二、三占30%，项目四、五、六占60%，项目七、八占10%。

3. 评分方法：理论考试占总体分值50%，日常成绩（含实训）占50%。

六、大纲说明

1. 本大纲是根据2009年修订的铁路中专教育货车车辆检修专业教学计划编制的。

2. 大纲列出的课时分配为建议性方案，教师在具体实施时可结合学员情况适当调整(10%左右)。

3. 教学过程应积极采用先进的教学手段，教学过程中应注意与其他专业课的衔接与配合。

4. 教学用书：铁路职业教育铁道部规划教材《液压与气动》，朱鹏超主编，中国铁道出版社。

《电工与电子技术基础》课程教学大纲

一、课程简介

本课程是货车车辆检修专业的基础课，使学员具备中初级专门人才所必需的电工与电子技术的基本知识和基本技能；为学习专业知识和职业技能，提高全面素质，增强适应职业变化的能力和继续学习的能力打下基础。主要知识教学内容是电工、电子技术及电机、变压器的基本概念和基本原理；常用设备和器件的特性及应用范围、途径。

二、课程教学目标

（一）知识培养目标

1. 掌握电工、电子技术及电机、变压器的基本概念及原理。
2. 掌握常用电器设备和器件的特性及应用范围、途径。

（二）能力培养目标

1. 能正确使用常用电工电子仪器仪表。
2. 能阅读单位的原理图及设备的电路方框图。
3. 具有查阅手册等工具书和设备铭牌、产品说明书、产品目录等资料的能力。
4. 能处理电器及电子设备的简单故障。

三、核心教学内容与实训项目

序号	项目名称	课时分配			
		总课时	讲授	讨论	实训
1	直流电路	6	6		
2	交流电路	8	8		
3	变压器	4	4		
4	电动机	4	4		
5	低压电器与控制电路	4	4		
6	供电及安全用电	4	4		
7	常用半导体元件	4	4		
8	整流及稳压电路	2	2		

续上表

序　号	项　目　名　称	课　时　分　配			
		总课时	讲　　授	讨　　论	实　　训
9	放大电路及集成运算放大器	2	2		
10	数字电路基本知识	2	2		
11	组合逻辑电路	2	2		
12	时序逻辑电路	2	2		
合　　　计		44	44		
机　　　动		4			
总　　　计		48			

四、项目内容及要求

项目一　直流电路

1. 掌握电路的组成、作用，电源的三种工作状态和电路模型的概念。
2. 掌握基尔霍夫定律，电位的概念及计算。
3. 理解支路电流法，电压源、电流源，叠加原理和戴维宁定理。

项目二　交流电路

1. 理解正弦交流电的三要素、相量表示法。
2. 理解电阻、电感串联电路电压、电流大小及相位关系。

项目三　变压器

1. 掌握变压器的基本结构、工作原理。
2. 了解变压器的外特性。
3. 了解变压器的损耗与效率。

项目四　电动机

1. 了解三相异步电动机的基本结构，电动机转动原理，转差率。
2. 理解三相异步电动机机械特性概念及作用。
3. 了解单相电动机的结构、原理及使用。

项目五　低压电器与控制电路

1. 了解闸刀开关、铁壳开关、组合开关、熔断器、自动开关及接触器、热继电器和按钮开关的结构及用途。
2. 理解三相异步电动机的点动与长动控制线路。
3. 理解三相异步电动机的正、反转控制电路的原理和线路组成。
4. 了解三相异步电动机的起动和调速方法。
5. 掌握单相电动机的简单控制电路。

项目六　供电及安全用电

1. 了解供电系统概念。
2. 掌握触电的几种情况及主要保护措施。

3. 掌握安全用电的基本知识。

4. 了解触电急救及电气火灾防止和扑救常识。

项目七　常用半导体元件

1. 掌握 PN 结单向导电性，半导体二极管的电压、电流关系和主要参数。

2. 了解半导体三极管的结构、主要参数、电流放大作用。

3. 了解晶闸管的特性和主要参数。

项目八　整流及稳压电路

1. 掌握单相桥式整流电路的结构和工作原理。

2. 了解滤波电路的作用。

3. 了解稳压电路的原理和集成稳压器的使用方法。

项目九　放大电路和集成运算放大器

1. 理解共发射极单管放大电路及工作原理。

2. 熟悉并会计算静态工作点、了解放大电路波形失真及其调整方法。

项目十　数字电路基本知识

1. 了解数字电路的基本概念和特点。

2. 了解逻辑关系及特点。

项目十一　组合逻辑电路

1. 掌握逻辑门电路的逻辑功能、逻辑符号和逻辑表达式。

2. 理解 R-S 触发器的工作原理，掌握 J-K 触发器、D 触发器的逻辑功能。

项目十二　时序逻辑电路

1. 了解二进制和二进制计数器、集成十进制计数器、集成任意进制计数器的功能。

2. 了解译码、显示的概念及译码器与显示器的功能。

五、考核要求

1. 采取百分制评定、闭卷考试方法考核。

2. 命题时，项目一、二占 30%，项目三、四、六占 60%，项目五、七、八占 10%。

2. 评分方法：理论考试占总体分值 60%，日常成绩（含实训）占 40%。

六、大纲说明

1. 本大纲是根据 2009 年修订的铁路中专教育货车车辆检修专业教学计划编制的。

2. 大纲列出的课时分配为建议性方案，教师在具体实施时可结合学员情况适当调整(10%左右)。

3. 教学过程应积极采用先进的教学手段，注重理论与实践的结合。

4. 教学过程中应注意与其他专业课的衔接与配合。

5. 教学用书：铁路职业教育铁道部规划教材《电工与电子技术基础》（中专），林宏裔主编，中国铁道出版社。

《货车构造与检修》课程教学大纲

一、课程简介

本课程是货车车辆检修专业的专业课，主要讲授车辆基本知识，介绍铁路主型、新型货车基本知识；介绍主型、新型货车货车轮对及滚动轴箱装置、车辆弹簧及减振装置、货车转向架、车钩缓冲装置、车体、车辆运行性能等；介绍车辆检修制度、典型车辆零部件的检修方法、段修规程；电磁探伤、超声波探伤的结构、工作原理、操作方法及故障判别标准；介绍典型车辆零部件的检修工艺。使学员掌握车辆的基本结构、工作原理及检修工艺，为以后从事货车车辆检修及使用维护方面的工作打下理论基础。

二、课程教学目标

（一）知识培养目标

1. 掌握车辆及检修基本知识。

2. 掌握各型货车轮对的构造，熟悉其主要损伤形式及检修方法。

3. 掌握货车滚动轴承轴箱装置的构造和原理，熟悉其常见损伤形式、检修方法。

4. 掌握货车车钩缓冲装置的构造、作用，熟悉其常见损伤形式、检修方法；熟练掌握货车各型缓冲器的构造、作用原理；熟悉其常见损伤形式、检修方法；熟悉车钩缓冲装置组装工艺及要求；掌握车钩高度的调整方法和计算。

5. 掌握货车转向架的构造、原理，熟悉常见损伤形式、检修方法。

6. 掌握货车各型车体钢结构；熟悉车体主要损伤形式、检修方法；熟悉车辆落成要求。

（二）能力培养目标

1. 能进行货车转向架主要零部件的检修作业。

2. 了解新型车辆，车辆制造新技术、新工艺和车辆发展方向。

三、核心教学内容与实训项目

序号	项目名称	课时分配			
		总课时	讲授	讨论	实训
1	基本知识	16	12	2	2
2	轮　　对	18	14	2	2

续上表

序　号	项　目　名　称	课　时　分　配			
		总课时	讲　授	讨　论	实　训
3	滚动轴承及轴箱装置	16	12	2	2
4	货车转向架	22	18	2	2
5	车钩缓冲装置	20	16	2	2
6	货车车体	14	10	2	2
合　　计		106	82	12	12
机　　动		10			
总　　计		116			

四、项目内容及要求

项目一　基本知识

1. 掌握铁道车辆的组成和分类。
2. 掌握车辆标记。
3. 掌握车辆的方位和轴距。
4. 掌握铁路限界。
5. 掌握车辆在曲线上的偏倚。
6. 掌握车辆主要技术参数。
7. 熟悉车辆检修制度。
8. 掌握车辆检修限度。

项目二　轮　　对

1. 掌握车轴基础知识。
2. 掌握车轮基础知识。
3. 掌握轮对的分类与标记。
4. 掌握轮对的组装。
5. 掌握轮对内侧距离与轨道的关系。
6. 掌握轮对的损伤。
7. 掌握轮对检查器。
8. 掌握轮对的探伤检查。
9. 掌握轮对检修工艺。
10. 熟悉轮对的管理。

实训要求：

1. 通过现场教学，要求学员掌握车辆的分类、用途、车辆标记、车辆方位和技术参数等基本知识；能熟练使用车辆检查器对轮对各部尺寸进行测量。

2. 通过现场教学，要求学员掌握车辆轮对的用途、构造组成及作用原理。

项目三　滚动轴承及轴箱装置

1. 掌握货车车辆滚动轴承知识。

2. 掌握货车车辆滚动轴承装置基础知识。

3. 掌握货车车辆滚动轴承轴箱装置的检修。

4. 熟悉货车车辆滚动轴承轴箱装置的检修装备。

实训要求：

1. 通过现场教学，要求学员掌握车辆滚动轴承的分类、用途和技术参数等基本知识。

2. 通过现场参观，要求学员掌握滚动轴承的组成以及滚动轴承检修要求。

项目四　货车转向架

1. 掌握转向架的分类及要求。

2. 掌握弹簧的作用、分类及主要特性。

3. 掌握货车转向架基础知识。

4. 掌握交叉杆型系列转向架基础知识。

5. 掌握摆动式转向架基础知识。

6. 熟悉其他型货车转向架。

7. 掌握货车转向架的检修。

实训要求：

1. 通过现场实训，熟知货车车辆各型转向架，掌握货车转向架的各部组成和技术参数等基本知识。

2. 通过现场参观，掌握货车车辆转向架的检修要求。

项目五　车钩缓冲装置

1. 熟悉车钩缓冲装置的组成及作用。

2. 掌握 13 号车钩基础知识。

3. 掌握 16、17 号车钩基础知识。

4. 掌握车钩装置其他配件基础知识。

5. 掌握缓冲器基础知识。

6. 掌握车钩装置的故障与检修。

7. 掌握缓冲器的故障与检修。

8. 掌握车钩高度调整方法。

实训要求：

1. 通过现场教学，要求学员熟知货车车辆车钩、缓冲器的用途、类型等基本知识。

2. 通过现场实训，要求学员掌握货车车辆车钩、缓冲器的构造组成、作用原理及检修要求。

项目六　货车车体

1. 掌握车体结构概述。

2. 掌握平车基础知识。

3. 掌握敞车基础知识。

4. 掌握棚车基础知识。

5. 掌握罐车基础知识。

6. 掌握长大货物车基础知识。

7. 掌握专用货车基础知识。

8. 掌握底架及车体的检修。

实训要求：

1. 通过现场教学，要求学员掌握货车车辆的车体组成和技术参数等基本知识。

2. 通过现场参观，要求学员掌握货车车辆车体的检修要求。

五、考核要求

1. 采取百分制评定、闭卷考试方法考核，注意与现场实际工作相联系，考核学员分析问题和解决问题的能力。

2. 命题时，项目一占20%，项目二、三、四、五占70%，项目六占10%。

2. 评分方法：理论考试占总体分值70%，日常成绩（含实训）占30%。

六、大纲说明

1. 本大纲是根据2009年修订的铁路中专教育货车车辆检修专业教学计划编制的。

2. 大纲列出的课时分配为建议性方案，教师在具体实施时可结合学员情况适当调整(10%左右)。

3. 建议多与实践相结合；在教学过程中积极采用多媒体课件进行教学，调动学员的主观能动性；培养和提高学员的学习能力、处理问题和动手能力。

4. 教学用书：铁路职业教育铁道部规划教材《货车构造与检修》（中专），袁清武主编，中国铁道出版社。

《货车制动装置》课程教学大纲

一、课程简介

本课程是货车车辆检修专业的专业课，主要介绍我国铁路货车车辆用的120型、103型空气制动机和KZW－4G的基本原理、构造、作用、检修、试验常见故障分析与判断处理；货车脱轨自动制动装置结构、原理、组装和试验；制动机试验，制动理论等方面的知识。使学员掌握车辆制动的基础理论知识，为以后从事货车车辆检修及使用维修方面的工作打下理论基础。

二、课程教学目标

（一）知识培养目标

1. 掌握120型、103型空气制动机的构造、作用及基本原理。
2. 掌握制动倍率的计算和活塞行程的调整。
3. 初步掌握103型分配阀、120型控制阀性能试验、检修方法。
4. 具有对制动机常见故障进行判断和处理的能力；能对制动机进行一般检修。

（二）能力培养目标

1. 能进行货车制动主要零部件的检修作业。
2. 了解新型货车辆制动装置的新技术、新工艺和车辆制动技术的发展方向。

三、核心教学内容与实训项目

序号	项目名称	课时分配			
		总课时	讲授	讨论	实训
1	绪论	6	6		
2	货车空气制动机	12	8	2	2
3	货车人力制动机	6	6		
4	货车基础制动装置	14	10	2	2
5	103型分配阀	12	12		
6	120型控制阀	18	14	2	2
7	空重车自动调整装置	10	8		2

续上表

序 号	项 目 名 称	课 时 分 配			
		总课时	讲 授	讨 论	实 训
8	货车脱轨自动制动装置	6	4	2	
9	货车制动机性能试验	18	14	2	2
10	制动理论基本知识	4	4		
合 计		106	86	10	10
机 动		10			
总 计		116			

四、项目内容及要求

项目一 制动基本概念

1. 掌握制动一般概念及其在铁路运输中的意义。
2. 掌握车辆制动机的种类。
3. 熟悉自动式车辆制动装置作用原理。

实训要求：

1. 通过现场参观，掌握车辆制动机的种类。
2. 通过现场参观，掌握车辆制动机的作用原理。

项目二 空气制动机

1. 掌握货车空气制动机构造及作用。
2. 掌握空气制动机主要附件的构造及一般检修。

实训要求：

1. 通过现场教学，要求学员掌握车辆空气制动机各部件名称和一些常见故障。
2. 通过现场参观，要求学员掌握车辆空气制动机的检修要求。

项目三 人力制动机

1. 掌握货车人力制动机基础知识。
2. 了解人力制动机的检修。

实训要求：

1. 通过现场教学，要求学员掌握货车车辆人力制动机的分类、用途等基本知识。
2. 通过现场教学，掌握货车车辆人力制动机的使用方法及检修要求。

项目四 基础制动装置

1. 掌握货车基础制动装置基础知识。
2. 掌握基础制动装置的检修。
3. 掌握基础制动装置的制动倍率概念。
4. 了解制动缸活塞行程的调整。
5. 掌握 ST 型双向闸瓦间隙自动调整器基础知识。

实训要求：

1. 通过现场教学，要求学员掌握货车车辆基础制动装置各部件名称、在车辆上的安装位置等基本知识。

2. 通过实训教学，要求学员掌握 ST 型闸调器的组成及检修要求。

项目五　103 型分配阀

1. 掌握 103 型分配阀结构特点及作用原理。

2. 掌握 103 型分配阀构造和作用性能。

3. 熟悉 103 型分配阀检修。

实训要求：

1. 通过现场教学，要求学员掌握 103 型分配阀的用途、结构特点及作用原理。

2. 通过实训学习，要求学员掌握 103 型分配阀的各部组成及作用性能。

项目六　120 型控制阀

1. 掌握 120 型控制阀结构特点及作用原理。

2. 掌握 120 型控制阀构造和作用性能。

3. 熟悉 120 型控制阀检修。

实训要求：

1. 通过现场教学，要求学员掌握 120 型控制阀的用途、结构特点及作用原理。

2. 通过实训教学，要求学员掌握 120 型控制阀的组成及作用性能。

项目七　空重车自动调整装置

1. 掌握货车空重车调整装置结构特点及作用原理。

2. 熟悉空重车调整装置的检修与试验。

实训要求：

1. 通过现场教学，要求学员掌握空重车自动调整装置的用途、结构特点及作用原理。

2. 通过现场参观，要求学员熟悉空重车自动调整装置的检修要求。

项目八　货车脱轨自动制动装置

1. 掌握货车脱轨自动制动装置结构、作用原理。

2. 熟悉货车脱轨自动制动装置分解程序、试验。

3. 熟悉货车脱轨自动制动装置安装使用及维护检修要求。

实训要求：

1. 通过现场教学，要求学员掌握货车脱轨自动制动装置的结构特点及作用原理。

2. 通过现场参观，要求学员熟悉货车脱轨自动制动装置安装使用及维护检修要求。

项目九　制动机试验及故障分析

1. 掌握单车制动机性能试验。

2. 掌握列车制动机性能试验。

3. 掌握 103 型分配阀性能试验。

4. 掌握 120 型控制阀性能试验。

5. 熟悉单、列车试验常见故障原因及判断处理。

6. 熟悉实验台试验常见故障原因及判断处理。

项目十　制动基本理论知识

1. 掌握空气波与制动波基础知识。

2. 了解制动缸压力计算。

3. 理解制动力与制动率的计算。

五、考核要求

1. 采取百分制评定、闭卷考试方法考核，注意与现场实际工作相联系，考核学员分析问题和解决问题的能力。

2. 命题时，项目一占10%，项目二、三、四、五、六占60%，项目七、八、九、十占30%。

2. 评分方法：理论考试占总体分值70%，日常成绩（含实训）占30%。

六、大纲说明

1. 本大纲是根据2009年修订的铁路中专教育货车车辆检修专业教学计划编制的。

2. 大纲列出的课时分配为建议性方案，教师在具体实施时可结合学员情况适当调整(10%左右)。

3. 建议多与实践相结合；教学中积极采用先进的多媒体课件进行教学；多用实物讲解相关知识、多动手。

4. 教学过程中注重提高、培养学员的学习能力、处理问题的能力。

5. 教学用书：铁路职业教育铁道部规划教材《货车制动装置》(中专)，张旺狮主编，中国铁道出版社。

《货车车辆运用与管理》课程教学大纲

一、课程简介

本课程是货车车辆检修专业的专业课，通过讲授车辆运用指标，车辆日常维修，车辆运用管理，列车编组运行，车辆安全管理，车辆事故调查、处理及救援等知识，使学员对车辆运用、管理工作有一个较全面的认识。

二、课程教学目标

（一）知识培养目标

1. 掌握货车日常维修的特点，列检、站修的业务范围、工作组织及主要设施等基本知识。

2. 熟悉车辆安全管理，5T 系统的运用与管理，行车事故调查、处理及事故救援的基本知识和基本方法。

（二）能力培养目标

1. 熟悉车辆运用中常见故障分析、处理的基本方法。

2. 掌握行车事故的调查处理方法、要求、权限。

三、核心教学内容与实训项目

序　号	项　目　名　称	课　时　分　配			
		总课时	讲　授	讨　论	实　训
1	绪　论	6	6		
2	列车编组及运行	14	12		2
3	车辆运用管理工作	10	10		
4	货车日常维修	22	16	2	4
5	货车安全防范系统的运用管理	10	8		2
6	特种货物运输	6	6		
7	铁路运输安全与铁路交通事故调查处理	12	10	2	
合　计		80	68	4	8
机　动		8			
总　计		88			

四、项目内容及要求

项目一　绪　　论

1. 熟悉车辆部门的组织机构及车辆运用管理系统。
2. 理解车辆运用工作的意义和任务。
3. 掌握车辆检修制度。
4. 熟悉车辆调度工作。

项目二　列车编组及运行

1. 掌握列车基础知识。
2. 掌握编组列车要求。
3. 掌握列车运行基础知识。

实训要求：

1. 通过现场教学，要求学员掌握列车编组及运行的基本知识。
2. 通过现场参观，要求学员掌握列车编组及运行的有关要求。

项目三　车辆运用管理工作

1. 掌握车辆主要运用技术指标。
2. 熟悉国际联运车辆基础知识。
3. 掌握专用货车及自备车基础知识。
4. 熟悉备用车辆基础知识。
5. 掌握特种货物运输车辆基础知识。

实训要求：

1. 通过现场教学，要求学员掌握车辆的主要技术指标等基本知识。
2. 通过现场参观，要求学员熟悉车辆运用管理工作的相关知识。

项目四　货车日常运用维修

1. 掌握列检作业场基础知识。
2. 掌握列检作业场列车技术检修作业。
3. 熟悉爱车工作。
4. 掌握站修作业场基础知识。
5. 掌握货车运用管理工作基础知识。

实训要求：

1. 通过现场参观，要求学员掌握列检作业的标准和作业程序。
2. 通过现场参观，要求学员掌握货车运用管理工作的相关知识。

项目五　货车安全防范系统的运用管理

1. 熟悉作业标准及作业程序。
2. 熟悉预报标准与责任划分。
3. 熟悉设备与管理基础知识。

实训要求：

1. 通过现场教学，要求学员掌握货车安全防范系统作业标准及作业程序等运用管理标准。

2. 通过现场教学，要求学员掌握货车安全防范系统的预报标准与责任划分。

3. 通过现场参观，要求学员熟悉相关的设备运用及管理知识。

项目六　特种货物运输

1. 掌握超限、超长、集重货物概念及装载基础知识。

2. 熟悉特种货物运输车辆。

3. 掌握特种货物装载的基本技术条件。

课题七　铁路运输安全与铁路交通事故调查处理

1. 了解铁路运输安全概述。

2. 掌握铁路运输安全管理。

3. 掌握铁路交通事故调查处理。

五、考核要求

1. 采取采用百分制评定、闭卷考试方法考核，注意与现场实际工作相联系，考核学员分析问题和解决问题的能力。

2. 命题时，项目一、二占10%，项目三、四、五、六占70%，项目七占20%。

3. 评分方法：理论考试占总体分值70%，日常成绩（含实训）占30%。

六、大纲说明

1. 本大纲是根据2009年修订的铁路中专教育货车车辆检修专业教学计划编制的。

2. 大纲列出的课时分配为建议性方案，教师在具体实施时可结合学员情况适当调整(10%左右)。

3. 建议采用多媒体教学和现场参观相结合。

4. 教学用书：铁路职业教育铁道部规划教材《货车车辆运用与管理》（中专），吴海超主编，中国铁道出版社。

《车辆检修工艺》课程教学大纲

一、课程简介

本课程是货车车辆检修专业的专业课，主要讲授铁路车辆检修工艺文件的内容、形式及格式；如何分析零部件故障、发现故障如何进行修理及如何编制检修工艺文件等内容。

二、课程教学目标

（一）知识培养目标

1. 熟练掌握车辆检修工艺文件的形式、内容及格式。
2. 能对指定的检修零件列出其常见故障形式、故障成因及故障出现的频率。
3. 能对指定的检修零件所出现的故障，选择零件故障的检查及修理方法。
4. 能对指定的检修零件编写检修作业指导书等。
5. 掌握车辆检修故障的统计、分析方法。

（二）能力培养目标

1. 熟悉掌握车辆检修工艺文件的形式、内容及格式。
2. 能对指定的检修零件列出其常见故障形式、故障成因及故障出现的频率。
3. 能对指定的检修零件所出现的故障，选择零件故障的检查及修理方法。
4. 能对指定的检修零件编写检修作业指导书等。
5. 掌握车辆检修故障的统计、分析方法。

三、核心教学内容与实训项目

序　号	项　目　名　称	课　时　分　配			
		总课时	讲　授	讨　论	实　训
1	概　　论	10	10		
2	车辆零件损伤的检修方法	16	14	2	
3	工艺基础知识	12	10	2	
4	车辆检修工艺规程	12	10	2	
5	检修工艺规程	10	6	2	2
合　　计		60	50	8	2
机　　动		6			
总　　计		66			

四、项目内容及要求

项目一　概　论

1. 掌握车辆检修制度。

2. 掌握车辆检修限度。

项目二　车辆零件损伤的检修方法

1. 熟悉车辆零件的常见损伤。

2. 掌握转向架的损伤与检修。

3. 掌握车体钢结构、缓冲装置的损伤与检修。

实训要求：通过现场学习，要求学员认识车辆零件的损伤及检修方法。

项目三　工艺基础知识

1. 掌握工艺及其相关概念与内容。

2. 熟悉工艺流程的设计和作业指导书的编制。

3. 熟悉工序质量控制。

4. 熟悉工艺管理纪律。

项目四　车辆检修工艺规程

1. 概述。

2. 了解车辆检修工艺文件的类型和格式。

3. 了解编制作业指导书的原则、方法和步骤。

4. 了解机械加工作业指导书的编制。

5. 了解焊修作业指导书的编制。

实训要求：通过现场参观，要求学员掌握车辆检修的规程及步骤要求。

项目五　检修工艺

1. 了解检修作业指导书的基本内容。

2. 掌握车辆检修作业指导书的格式。

3. 工艺实例。

4. 制动梁检查、组装作业指导书案例。

5. 编写注意事项。

实训要求：通过现场参观，要求学员基本掌握车辆检修工艺编写规程。

五、考核要求

1. 采取采用百分制评定、闭卷考试方法考核，注意与现场实际工作相联系，考核学员分析问题和解决问题的能力。

2. 命题时，项目一占10％，项目二、三占60％，项目四、五占30％。

3. 评分方法：理论考试占总体分值70％，日常成绩（含实训）占30％。

六、大纲说明

1. 本大纲是根据 2009 年修订的铁路中专教育货车车辆检修专业教学计划编制的。

2. 大纲列出的课时分配为建议性方案，教师在具体实施时可结合学员情况适当调整（10%左右）。

3. 建议采用多媒体教学，注意和其他专业课的衔接与配合。

4. 教学中部分内容可参考《铁路货车段修基本工艺》、《铁路货车段修基本规范之一、之二、之三、之四》讲解，陈雷、黄毅编著，中国铁道出版社。

5. 教学用书：铁路职业教育铁道部规划教材《车辆检修工艺编制》（中专），李艳霞主编，中国铁道出版社。

《车辆检测技术》课程教学大纲

一、课程简介

本课程是货车车辆检修专业的专业课，主要研究各类传感器的机理、结构、测量电路和应用方法，THDS车辆轴温智能探测系统、TPDS货车运行状态地面安全监测系统、TADS货车滚动轴承早期故障轨边声学诊断系统、TFDS货车运行故障动态图像检测系统的组成、工作原理、软（硬）件设备、设备安装调试及操作方法、日常维护内容和业务组织及管理内容。

二、课程教学目标

（一）知识培养目标

1. 掌握车辆检修基本原理、规定及实作要求。
2. 掌握常用传感器的基本原理、应用基础。
3. 初步掌握"五 T"系统的系统组成与结构原理。

（二）能力培养目标

能正确操作"五 T"系统进行车辆故障检测，并能对其进行日常维护。

三、核心教学内容与实训项目

序号	项目名称	课时分配			
		总课时	讲授	讨论	实训
1	技术诊断概述	4	4		
2	车辆维修探伤技术	6	6		
3	红外线轴温探测系统	4	4		
4	车号自动识别系统概述	6	4	2	
5	货车滚动轴承轨边声学诊断系统	6	6		
6	货车运行状态地面安全监测系统	6	6		
7	货车运行故障动态图像检测系统	8	4	2	2
合计		40	34	4	2
机动		4			
总计		44			

四、项目内容及要求

项目一　技术诊断概述

掌握技术诊断的概念和原理。

项目二　车辆维修探伤技术

1. 掌握电磁探伤的基本知识。
2. 掌握轮轴、轮对、车轴磁粉探伤。
3. 掌握超声波的基本知识、超声波探伤的基本原理、超声波探伤。
4. 熟悉轮轴微机控制超声波自动探伤。
5. 熟悉轮轴、轮对、车轴手工超声波探伤及轮轴超声波探伤规章和制度。

实训要求：通过现场参观，要求学员掌握磁粉探伤及超声波探伤的有关要求。

项目三　红外线轴温探测系统

1. 掌握红外线的基本概念、红外线检测的原理、红外线轴温探测系统。
2. 熟悉红外线轴温探测系统维护和检查。

实训要求：通过现场参观，要求学员掌握红外线轴温探测系统的组成及使用方法。

项目四　车号自动识别系统

1. 掌握车号自动识别系统的功能。
2. 掌握车号自动识别系统的组成。
3. 熟悉铁路车号车次识别系统。
4. 掌握车号自动识别系统故障现象及解决方法。

项目五　货车滚动轴承早期故障轨边声学诊断系统

1. 掌握滚动轴承的噪声诊断技术原理和动能。
2. 掌握 TADS 轨边设备硬件工作原理。

实训要求：通过现场参观，要求学员掌握 TADS 系统的组成及使用方法。

项目六　货车运行状态地面安全监测系统

1. 掌握货车运行状态地面安全监测系统的原理和功能。
2. 掌握探测站（TPDS）的构成及软件操作界面、联网相关知识。

实训要求：通过现场参观，要求学员掌握 TPDS 系统的组成及使用方法。

项目七　货车运行故障动态图像检测系统

1. 掌握货车运行故障动态图像检测系统组成原理及功能。
2. 掌握货车运行故障动态图像检测系统标准。

实训要求：通过现场参观，要求学员掌握 TFDS 系统的组成及使用方法。

五、考核要求

1. 采用百分制评定、闭卷考试方法考核，注意与现场实际工作相联系，考核学员分析问题和解决问题的能力。

2. 命题时，项目一占 20%，项目二、三、四、五、六、七占 80%。

3. 评分方法：理论考试占总体分值70%，日常成绩（含实训）占30%。

六、大纲说明

1. 本大纲是根据2009年修订的铁路中专教育货车车辆检修专业教学计划编制的。

2. 大纲列出的课时分配为建议性方案，教师在具体实施时可结合学员情况适当调整（10%左右）。

3. 教学过程中应积极采用先进的教学手段，注重结合现场实际。

4. 教学中部分内容可参考《铁路货车段修基本工艺》、《铁路货车段修检测技术》讲解，陈雷、黄毅编著，中国铁道出版社。

5. 教学用书：铁路职业教育铁道部规划教材《车辆检测技术》，熊小青主编，中国铁道出版社。

《货车新技术》课程教学大纲

一、课程简介

本课程是货车车辆检修专业的专业课，主要介绍我国铁路货车车辆新技术、新产品的构造、作用原理，重点讲解新型货车的主要结构、特点；快速及高速货车转向架的结构和作用特点；新型空重车调整装置的构造和作用原理；货车检修管理信息系统的作用原理；新型货车检测检修系统的构造和作用原理等新知识。

二、课程教学目标

（一）知识培养目标

1. 了解货车新技术、新产品的研发及投入使用的状况。
2. 初步掌握铁路货车车辆新技术、新工艺、新设备、新材料的知识。

（二）能力培养目标

增加学员新知识面，使学员跟上铁路发展的步伐，培养创新型人才。

三、核心教学内容与实训项目

<table>
<tr><th rowspan="2">序 号</th><th rowspan="2">项 目 名 称</th><th colspan="4">课 时 分 配</th></tr>
<tr><th>总课时</th><th>讲 授</th><th>讨 论</th><th>实 训</th></tr>
<tr><td>1</td><td>新型货车</td><td>4</td><td>4</td><td></td><td></td></tr>
<tr><td>2</td><td>新型货车转向架</td><td>4</td><td>4</td><td></td><td></td></tr>
<tr><td>3</td><td>货车新型空重车调整装置</td><td>2</td><td>2</td><td></td><td></td></tr>
<tr><td>4</td><td>车辆检测检修系统</td><td>2</td><td>2</td><td></td><td></td></tr>
<tr><td>5</td><td>货车检修管理信息系统</td><td>4</td><td>4</td><td></td><td></td></tr>
<tr><td>6</td><td>货车新技术改造</td><td>4</td><td>4</td><td></td><td></td></tr>
<tr><td colspan="2">合 计</td><td>20</td><td>20</td><td></td><td></td></tr>
<tr><td colspan="2">机 动</td><td colspan="4">2</td></tr>
<tr><td colspan="2">总 计</td><td colspan="4">22</td></tr>
</table>

四、项目内容及要求

项目一　新型货车

重点掌握我国货车 C_{70} 以及 C_{80} 铝合金敞车，C_{80B} 不锈钢敞车，P_{65}、P_{70} 行包快运棚车，行包快运棚车，X_{1K}、X_{2K}（X_{2H}）等集装箱平车，专用平车，载重 100 吨矿料，钢材专用车等新型货车的结构、特点及主要技术参数。

项目二　新型货车转向架

掌握货车交叉支撑转向架、摆动式转向架和径向转向架的组成、结构性能参数、特点和作用原理。

项目三　货车新型空重车调整装置

掌握货车空重车调整装置 KZW-4G、TWG-1 型、KZW-A 型的构造和作用原理，以及发展现状。

项目四　车辆检测检修系统

掌握车辆"5T"系统的技术参数、系统功能、设备构成及车辆检测、检修新型系统的主要组成、功能、使用。

项目五　货车检修管理信息系统

掌握货车检修管理信息系统的总体组成，学习段级 HMIS 系统的各子系统功能、HMIS 编码规定、适用范围及业务流程图。

项目六　货车新技术改造

掌握货车新技术改造范围，以及车辆运用的应知应会、必知必会基本知识。

五、考核要求

1. 采用百分制评定、闭卷考试方法考核，注意与现场实际工作相联系，考核学员分析问题和解决问题的能力。

2. 命题时，项目一、二、三占 60%，项目四、五、六占 40%。

3. 评分方法：理论考试占总体分值 50%，日常成绩（含实训）占 50%。

六、大纲说明

1. 本大纲是根据 2009 年修订的铁路中专教育货车车辆检修专业教学计划编制的。

2. 大纲列出的课时分配为建议性方案，教师在具体实施时可结合学员情况适当调整(10%左右)。

3. 教学过程中应积极采用先进的教学手段，注重结合铁道车辆发展的实际讲解。

4. 建议教材：要紧密结合车辆新技术、新工艺、新设备、新材料的发展现状，适当增加部分内容，并可采用讲座的形式讲解相关知识。

《钳工技能实训》课程教学大纲

一、课程简介

本课程是货车车辆检修专业的实训课，其主要任务是通过实训教学，培养学员机械钳工的基本操作技能，培养学员钳工动手能力，为学员形成综合职业能力打好基础。

二、课程教学目标

通过实训，应达到以下基础要求：

1. 熟知机械钳工常用工具、量具的分类、规格、使用与维护。
2. 掌握机械钳工的基本操作，手工制作检车锤、鸭嘴锤、四方或六角螺母。
3. 掌握钳工安全文明生产的基本要求。
4. 培养学员热爱劳动、安全生产的意识和创新精神。

三、实训项目与时间分配

序号	项 目 名 称	时间分配（天）
1	安全教育	0.5
2	划　线	1.5
3	锯削与锉削	2
4	钻、铰孔及攻螺纹	2
5	刮削与研磨	1
6	电气焊	1
7	综合考核	2
合　计		2周

四、项目内容及要求

项目一　安全教育

接受培训基地钳工技能实训安全规章制度教育。进行安全教育考核，考核成绩均应达到优良等级。

项目二　划　线

1. 能读懂和绘制钳工常见的零件图。

2. 掌握游标卡尺、高度游标卡尺、千分尺等量具使用方法。

3. 掌握一般零件的平面划线和简单的立体划线。

4. 了解划线用涂料的种类、配制方法及应用场合。

5. 了解划线基准的选择原则。

6. 掌握划线工具的使用及保养方法。

项目三　锯削与锉削

1. 能锯削 40mm 左右圆钢，基本达到尺寸公差 0.8mm 的要求。

2. 能锉削一般平面，基本达到尺寸公差 0.04mm，表面粗糙度 Ra3.2μm。

3. 掌握锯条的选用，锯削方法及锯削常见缺陷的分析。

4. 掌握锉刀的种类和选用，锉削方法及常见缺陷分析和安全技术。

5. 掌握锯削与锉削工具的使用及保养方法。

6. 了解台虎钳、砂轮机的基本结构、工作原理、安全操作规程及使用与维护保养方法。

项目四　钻、铰孔及攻螺纹

1. 能在同一平面上铰 2～3 个孔，并基本达到以下要求：公差等级 IT8，位置度公差 ϕ0.2mm 表面粗糙度 Ra1.6μm。

2. 能攻 M20 以下的螺纹，没有明显的倾斜。

3. 了解钻头的常用角度，并基本能够刃磨标准麻花钻头。

4. 了解螺纹的种类、用途及各部分尺寸之间的关系。

5. 了解台式钻床和钻夹头的基本结构、工作原理、安全操作规程及使用与维护保养方法。

6. 掌握塞尺的使用方法。

项目五　刮削与研磨

1. 能够刮削一般平面，基本达到 2 级（不少于 12 点）。

2. 能够研磨一般平面，基本达到以下要求：表面粗糙度 Ra1.6μm，平面度 0.02mm。

3. 了解刮削原始平板、方箱、燕尾形导轨、主轴轴瓦的原理和方法。

4. 了解研磨内孔的原理和方法。

5. 了解研磨磨料的选择和使用方法。

项目六　电 气 焊

1. 了解电焊、气焊的原理。

2. 掌握电焊、气焊的正确方法，焊接工艺。

3. 能进行一般的工件的简单焊接。

项目七　综合考核

1. 能独立进行生产准备，合理选择工量具等。

2. 能独立地确定工件的加工步骤和完成工件加工。

3. 能安全文明生产。

4. 初步养成良好的职业道德。

5. 初步具有加工简单组合工件的能力。

五、考核方法及评分办法

1. 实训考核方法：实习成绩可分优、良、及格、不及格四级，单独列入学员成绩册。

2. 评分办法：实习成绩按实习笔记质量、实习报告质量、生产实习中的学习态度、钻研精神及遵守实习纪律情况、实习鉴定成绩、实际操作考核成绩等几方面评定。

六、大纲说明

1. 本大纲是根据 2009 年修订的铁路中专教育货车车辆检修专业教学计划编制的。

2. 实习内容结合现场实际可小范围调整。

3. 钳工实习建议安排在第二学期进行，实习周数可根据当年教学周数适当增加或减少。

4. 教学用书：铁路职业教育铁道部规划教材《货车车辆实训教学指导书》，连苏宁主编，中国铁道出版社。

《电工技能实训》课程教学大纲

一、课程简介

本课程是货车车辆检修专业的实训课，其主要任务是对学员进行电工技术基础知识和基本技能的训练，使学员熟知电气安全技术、电工安规技规，掌握电工基本操作技能，使学员具备一定的电工实际操作能力，为进一步学习专业知识和职业技能打下基础。

二、课程教学目标

通过电工实训，应使学员达到以下基础要求：

1. 掌握电气安全技术知识。
2. 掌握基本工具的使用方法，常用电工仪表的使用与维护方法。
3. 熟知照明电路的配线接线方法。
4. 掌握常用低压电器的结构特点，电机控制线路的接线方法。

三、实训项目与时间分配

序号	项 目 名 称	时间分配（天）
1	实训前教育	0.5
2	基本操作技能	0.5
3	电工照明配线安装技能	0.5
4	量电配电板的安装	0.5
5	电气识图	0.5
6	电机、常用低压电器知识	0.5
7	电力拖动自动控制线路的安装步骤与方法	0.5
8	点动与连续运行控制线路配电板的配线及安装	0.5
9	接触器连锁正反转控制线路配电板的配线及安装	1
合 计		1周

四、项目内容及要求

项目一 实训前教育

1. 实习的目的和任务。

2. 电气安全技术知识

(1) 接地的种类、作用及对装接的一般要求。

(2) 接零的作用及其一般要求。

(3) 电工安全技术操作规程。

(4) 对电器及装置的安全要求。

项目二　基本操作技能

1. 常用电工指示仪表的分类、基本结构、工作原理和符号；仪表名称、规格及选用使用维护保养知识。

2. 常用工具和量具的名称、规格及选用、使用维护保养知识。

3. 练习基本工具的使用与保养

(1) 验电笔的选用、使用维护保养知识。

(2) 旋具的选用、使用维护保养知识。

(3) 钢丝钳的选用、使用维护保养知识。

(4) 拨线钳的选用、使用维护保养知识。

(5) 电工刀的选用、使用维护保养知识。

(6) 活络扳手的选用、使用维护保养知识。

(7) 游标卡尺的选用、使用维护保养知识。

(8) 千分尺的选用、使用维护保养知识。

4. 练习常用电工仪表的使用与维护

(1) 兆欧表的使用与维护。

(2) 万用表的使用与维护。

(3) 电压表的使用与维护。

(4) 电流表的使用与维护。

项目三　电工照明配线安装技能

一、导线的连接与绝缘的恢复

1. 常用导电材料的名称、规格和用途及选用。

2. 常用绝缘材料的名称、规格和用途。

3. 导线线径测量与导线规格的选择。

4. 练习导线线头的剖削与连接

(1) 单股铜导线的连接。

(2) 19/0.82 mm、7/1.7 mm 多股铜导线的连接。

5. 练习导线线头绝缘层的恢复

(1) 单股铜导线的绝缘恢复。

(2) 19/0.82mm、7/1.7mm 多股铜导线的绝缘恢复。

6. 练习线头与接线桩的连接。

二、照明电路

1. 照明基本知识

(1) 白炽灯的工作原理。

(2) 日光灯的工作原理。

(3) 车间照明线路的要求。

2. 暗（明）管线线路的安装；塑料护套线线路的安装。

3. 白炽灯灯具的选用和安装。

4. 日光灯灯具的选用和安装。

5. 装接照明电路（一）（插座，日光灯，荧光灯）。

6. 装接照明电路（二）（两地控制）。

项目四　量电配电板的安装

1. 电度表的基本原理。

2. 电度表的规格的选择。

3. 单相电度表的接线。

4. 三相电度表的接线。

5. 电度表与用电器综合连线。

项目五　电气识图

1. 电气图得分类与制图的一般规则。

2. 常用电气图形符号和电气项目代号及新旧标准的区别。

3. 生产机械电气图、接线图的构成及各构成部分的作用。

4. 一般机械电气图的识图方法。例：C620-1，M7130。

项目六　电机、常用低压电器知识

1. 常用交、直流电机（包括单相笼型异步电动机）的名称、种类、基本构造、基本工作原理和用途。

2. 掌握常用交、直流电机铭牌数据的含义。

3. 掌握电机的选用原则。

4. 常用低压电器的名称、种类、规格、基本构造及工作原理，电路图形及文字符号选用及使用知识。

(1) 熔断器（RL 系列、RT 系列、RC 系列）的规格基本构造及工作原理。

(2) 开关（HK 系列、HH 系列、HZ 系列）的规格基本构造及工作原理。

(3) 低压断路器（自动空气开关）（DZ10、DZ5 系列）的规格基本构造及工作原理。

(4) 交流接触器的规格、基本构造及工作原理。

(5) 主令电器的规格、基本构造及工作原理。

(6) 热继电器的规格、基本构造及工作原理。

(7) 时间继电器的规格、基本构造及工作原理。

(8) 低压电器产品铭牌数据的含义。

(9) 常用保护电器保护参数的整定方法。

项目七　电力拖动自动控制线路的安装步骤与方法

1. 电器元件及导线的选用

(1) 熔断器、熔体的选用。

(2) 接触器的选用。

(3) 热继电器的选用。

(4) 按钮开关的选用。

(5) 导线的选用。

2. 电器接线图的绘制。

3. 基本控制电路的布线步骤及要求。

项目八　点动与连续运行控制线路配电板的配线及安装

熟悉导线及电气元、器件的选择和参数的整定。

项目九　接触器连锁正反转控制线路配电板的配线及安装

熟悉包括导线及电气元、器件的选择和参数的整定。

五、考核方法及评分办法

实训成绩按以下几方面综合评定：

1. 电工基本技能考核成绩占总成绩 80%；技能考核可采用指导老师考核或师傅考核的方式进行。

2. 实训日记质量：是否全面反映实训任务的完成情况，占总成绩的 10%。

3. 实训期间的学习态度、遵章守纪等情况占总成绩 10%。

4. 考核成绩评定按百分制，单独列入学员成绩册。

六、大纲说明

1. 本大纲是根据 2009 年修订的铁路中专教育货车车辆检修专业教学计划编制的。

2. 电工实训建议安排在第二学期进行，实训周数可根据教学周数适当增加或减少。

3. 本课程是结合《电工与电子技术基础》课程的实训，教师要做好指导工作，正确引导学员进行有效的、有计划的实训。

《货车检车员技能实训》教学大纲

一、课程简介

本课程是货车车辆检修专业的实训课，通过在校内实训基地进行货车车辆检修基本技能的实训，使学员进一步熟悉车辆构造，并掌握一定的货车车辆零部件的检修技能，为到车辆段进行货车运用实习、货车车辆检修实习打下一定的基础。

二、课程教学目标

通过技能实训，应使学员达到以下基础要求：

1. 使学员熟知车辆的各部构造。

2. 能熟练地运用快速修方法更换车辆零部件。

三、实训项目与时间分配

序号	项 目 名 称	时间分配（天）
1	安全教育	1
2	分解、检查、组装 13 号、17 号车钩	10
3	更换 120 型控制阀（103 型分配阀）	2
4	更换制动梁	10
5	更换四轴车一侧 4 块闸瓦	2
6	更换软管、折角塞门	1
7	更换枕簧	4
合　　计		6周

四、项目内容及要求

项目一　安全教育

1. 接受车辆安全规章制度教育，货车车辆检修与运用安全规程教育。

2. 进行安全教育考核，考核成绩均应达到优良等级。

项目二　分解、检查、组装 13 号、17 号车钩

1. 掌握车钩的分解、检修、组装的作业过程及标准。

2. 掌握作业安全要求及质量标准。

项目三　更换120控制阀（103分配阀）

1. 掌握更换120控制阀（103分配阀）的作业标准。

2. 掌握作业安全要求及质量标准。

项目四　更换制动梁

1. 掌握更换制动梁的作业标准。

2. 掌握作业安全要求及质量标准。

项目五　更换四轴车一侧4块闸瓦

1. 掌握更换闸瓦的作业标准。

2. 掌握作业中的安全及质量要求。

项目六　更换软管、折角塞门

1. 掌握换软管、折角塞门的作业标准。

2. 掌握作业安全要求及质量标准。

项目七　更换枕簧

1. 掌握更换枕簧的作业标准。

2. 掌握作业安全要求及质量标准。

五、考核方法及评分办法

1. 实训考核方法：实习成绩可分优、良、及格、不及格四级，单独列入学员成绩册。

2. 评分办法：实习成绩按实习笔记质量、实习报告质量、生产实习中的学习态度、钻研精神及遵守实习纪律情况、实习鉴定成绩、实际操作考核成绩等几方面评定。

六、大纲说明

1. 本大纲是根据2009年修订的铁路中专教育货车车辆检修专业教学计划编制的。

2. 实训内容和实训时间可根据教学实际适当进行调整。

3. 教学用书：铁路职业教育铁道部规划教材《货车车辆实训教学指导书》，连苏宁主编，中国铁道出版社。

《货车运用技能实训》教学大纲

一、课程简介

本课程是货车车辆检修专业的实训课，通过货车运用实习，使学员掌握货车车辆的构造、作用及运用限度，熟知货车列检的作业过程、作业技术要求及从事货车车辆日常维修必须做到的职责要求。

二、课程教学目标

通过运用实习，应使学员达到以下基础要求：

1. 使学员了解货车日常检修、运用工作的意义、任务；熟练地进行货车单车技术检查。
2. 能按作业规范的要求，对到达、始发货物列车进行技术检查及制动机试验。
3. 能正确地进行安全防护信号的设置和撤除。
4. 能正确使用货车安全监控体系“5T”系统。
5. 能正确使用扣车色票，正确填写有关表报。
6. 熟知货车车辆易发事故的调查与处理程序、方法等。

三、实训项目与时间分配

序号	项　目　名　称	时间分配（天）
1	安全教育、参观、安全考试	1
2	单车技术检查对规训练	10
3	列检作业标准	10
4	“5T”系统维护和检查、检车员作业标准	10
5	事故调查与处理	9
合　　计		8周

四、项目内容及要求

项目一　安全教育

1. 接受车辆段三级安全规章制度教育，货车车辆检修与运用安全规程教育。
2. 进行安全教育考核，考核成绩均应达到优良等级。

项目二　单车技术检查对规训练

1. 掌握单车技术检查作业程序及标准。

2. 要求在规定的时间内检查发现车辆故障。

3. 掌握对规检查的要求及作业标准。

4. 要求在规定的时间内按照标准作业完成对规检查。

5. 掌握车辆运用限度。

项目三　货车列检作业标准

1. 掌握列检班、列、辆作业标准。

2. 掌握生产调度的组织。

3. 要求跟班进行作业，专人负责，熟悉列检工作安全知识、作业标准等相关知识。

项目四　"5T"动态检车员、值班员作业标准

1. 掌握"5T"设备故障特征。

2. 熟悉"5T"设备故障报修程序。

3. 熟悉"5T"设备故障应急预案。

4. 掌握"5T"动态检车员作业程序、作业标准和预报程序。

5. 熟悉"5T"运用管理要求。

项目五　事故调查与处理

1. 掌握车钩分离事故调查处理程序。

2. 掌握车辆抱闸调查与处理程序。

3. 掌握制动支管打断调查与处理程序。

4. 掌握货物列车发生紧急制动故障的调查与处理程序。

5. 掌握热轴故障的调查与处理程序。

五、考核方法及评分办法

1. 实训考核方法：实习成绩可分优、良、及格、不及格四级，单独列入学员成绩册。

2. 评分办法：实习成绩按实习笔记质量、实习报告质量、生产实习中的学习态度、钻研精神及遵守实习单位、实习纪律情况、实习单位鉴定成绩、实际操作考核成绩等几方面评定。

六、大纲说明

1. 本大纲是根据 2009 年修订的铁路中专教育货车车辆检修专业教学计划编制的。

2. 实训内容和实训时间可根据教学实际适当进行调整。

3. 教学用书：铁路职业教育铁道部规划教材《货车车辆实训教学指导书》，连苏宁主编，中国铁道出版社。

《货车车辆检修专业综合实训》教学大纲

一、课程简介

本课程是货车车辆检修专业的实训课，通过在货车车辆段的现场实习，使学员熟悉货车车辆的构造，掌握货车的检修工艺、运用组织、技术作业过程、质量标准、技术管理的原则和方法及从事货车车辆检修必须做到的职责要求。

二、课程教学目标

通过现场实习，应使学员达到以下基础要求：

1. 使学员了解货车检修、运用工作的意义、任务；熟练操作有关设备，掌握货车检修作业标准、生产组织和工具使用。

2. 掌握货车维修的组织、技术作业程序、内容及质量标准，技术管理的原则和方法。

3. 了解和掌握铁路安全的基本制度，货车车辆易发事故的调查与处理程序、方法等。

三、实训项目与时间分配

序号	项　目　名　称	时间分配（周）
1	安全教育、参观、安全考试	0.5
2	货车转向架	4
3	轮对、滚动轴承	4
4	车钩缓冲装置	4
5	制动室	2
6	外制动	2
7	配件加修	1.5
8	职业技能签定强化训练	2
合　计		20周

四、项目内容及要求

项目一　安全教育

1. 接受车辆段安全规章制度教育，货车车辆检修与运用安全规程教育。

2. 进行安全教育考核，考核成绩均应达到优良等级。

项目二　货车转向架

1. 掌握转向架的分解、检修、组装的工艺，作业标准、质量要求。

2. 掌握 K2、K4 等各型转向架的构造和检修。

3. 掌握操作流水线的有关设备、工艺布局。

4. 能独立进行检修作业。

项目三　轮对、轴箱油润

1. 掌握轮轴检查、测量、探伤工装设备、器具的使用方法。

2. 了解轮轴机械加工的方法，进行各种轮对检查器使用测量实际操作考核。

3. 掌握滚动轴承组装程序及要求，运用“七字”检查法判断轴承故障。

4. 熟悉滚动轴承检测工艺。

5. 能独立进行轮对、轴箱装置的检修作业。

项目四　车钩缓冲装置

1. 掌握车钩的分解、检修、组装的工艺，各部件的测量。

2. 掌握车钩缓冲装置的分解、组装技术要求、各部件的加修。

3. 会操作车钩检修的相关设备。

4. 能独立进行车钩组装装置的检修作业。

项目五　制 动 室

1. 掌握软管的拆装、风水压试验。

2. 掌握各塞门、阀类检修和试验。

3. 掌握 120 型控制阀、103 分配阀的分解、检修、组装的程序和质量要求。

4. 了解制动间主要检修、试验设备的结构、作用及工艺布局。

5. 能独立进行制动室内的各项检修作业。

项目六　外制动

1. 掌握检修制动管系、分解检查组装人力制动机。

2. 掌握 L—B、L—C 型制动梁的加修过程和质量标准。

3. 分解组装空气制动装置及附属配件。

4. 掌握基础制动装置分解、组装工艺过程及工艺要求。

5. 掌握单车试验器的结构、作用，及试验方法和技术要求。

6. 能独立进行制动部分的各项检修作业。

项目七　配件加修

1. 掌握各车辆配件的检修作业。

2. 掌握各配件检修、试验设备的结构、使用方法和试验技术要求。

3. 能独立进行各项检修作业。

项目八　职业技能鉴定强化训练

1. 组织学员按照拟从事的岗位，进行专业理论和实际、操作技能强化训练。

2. 强化训练内容：按照职业技能鉴定要求，突出岗位特点。其中：货车检车员应组织单车检查和重点快速修项目强化训练。车辆钳工、制动钳工应组织对重点车辆零部件检修和钳工基本技能训练。

3. 强化训练方法：在实习指导教师或实习师傅指导下，在学员实习单位进行。训练结束前可组织模拟考试。

五、考核方法及评分办法

1. 实训考核方法：实习成绩可分优、良、及格、不及格四级，单独列入学员成绩册。

2. 评分办法：实习成绩按实习笔记质量、实习报告质量、生产实习中的学习态度、钻研精神及遵守实习单位、实习纪律情况、实习单位鉴定成绩、实际操作考核成绩等几方面评定。

六、大纲说明

1. 本大纲是根据2009年修订的铁路中专教育货车车辆检修专业教学计划编制的。

2. 实训内容和实训时间可根据教学实际适当进行调整。

3. 教学用书：铁路职业教育铁道部规划教材《货车车辆实训教学指导书》，连苏宁主编，中国铁道出版社。

货车车辆检修专业技能实训设备配置标准参照表

序号	实训项目	设备及材料名称	基本配置标准		备 注
			单位（规格）	数 量	
1	钳工技能实训	工作台	张	50	每个钳工实训教室设备按50人教学班配置
		虎 钳	台	50	
		砂轮机	台	3	
		立式钻床	台	2	
		台式钻床	台	2	
		大平台	张	1	
		小平台	张	3	
		划线工具	套	4	
		钳工工具	套	50～55	
		动力电源	380/220 V		
2	电工技能实训	工作台	张	10	每个电工实训教室设备按50人教学班配置
		万用表	块	15	
		电流表	块	15	
		电压表	块	15	
		绝缘电阻测量仪	块	15	
		电工组合工具	套	15	
		直流单臂电桥	块	15	
		直流稳压电源	台	15	
		电动机实验电路板	块	15	
		绝缘胶皮	m^2	若干	
		电子元件		若干	
		小型变压器	台	5	
		低频单管交流放大器电路板	块	15	
		基尔霍夫实验电路板	块	15	
		交流电机	台	5	
		直流电机	台	5	
		动力电源	380/220V		
3	货车检车员技能训练	练功货车	辆	1	

续上表

序号	实训项目	设备及材料名称	基本配置标准		备　注
			单位（规格）	数　量	
4	单车技术检查对规训练	检点锤		50	可与其他项目共用
		红　旗		50	可与其他项目共用
		扳　手	300 mm	50	
		工具包		50	
5	分解、检查组装13号、17号车钩	大　锤		50	可与其他项目共用
		手　锤		50	可与其他项目共用
		第四种检查器		2	
		毛　刷		50	
		专用螺丝刀		50	
		钢丝刷		50	
		开口销	3 mm 10 mm	各200	
		拔销器		50	可与其他项目共用
6	更换120型控制阀（103型分配阀）	活扳手	300 mm	50	可与其他项目共用
		小手锤		50	
		拔销器			可与其他项目共用
		红　旗			
		主　阀		2	
7	更换制动梁	劈销器		50	
		手　锤			
		扁、圆开口销		各200	
		活扳手	300 mm		
		拔销器			
		新制动梁		1	
		红　旗			
8	更换四轴车一侧闸瓦	新闸瓦		4	
		撬　棍		10	
		红　旗			
		手　锤			
9	更换软管	管子钳	450～600 mm	10	
		红　旗			
		新软管		1	
		生料带		20	
		风管胶垫		50	

续上表

序号	实训项目	设备及材料名称	基本配置标准		备 注
			单位（规格）	数 量	
10	更换枕簧	防滑垫		10	
		红 旗			
		止轮器		2	
		手 锤			
		专用顶针		2	
		新枕簧		1	
		斜楔吊卡		2	
11	量具实习	LLJ-4A 第四种检查器		2	
		轮对内侧距离检查尺		2	
		轮径检查尺		2	
12	制动实训	103 型分配阀		5	
13	制动实训	120 型分配阀		5	
14	新型货车转向架K5、K6	模 具		2	
15	17 号车钩	模 具		2	
16	MT-3 型缓冲器	模 具		2	

说明：1.《货车车辆检修专业综合实习》可与车辆段工人师傅共同使用工具、设备。

2. 设备按照 50 人（一个标准班）配置。

货车车辆检修专业课程教学用书汇总表

<table>
<tr><th>序号</th><th>课程名称</th><th>教学用书</th><th>主编</th><th>出版社</th></tr>
<tr><td>1</td><td>语　文</td><td>《语文》(中专)</td><td>王　湄</td><td>中国铁道出版社</td></tr>
<tr><td>2</td><td>数　学</td><td>《数学》(中专)</td><td>邹淑桢</td><td>中国铁道出版社</td></tr>
<tr><td>3</td><td>铁路职业道德</td><td>《铁路职业道德》</td><td>王跃庆</td><td>中国铁道出版社</td></tr>
<tr><td>4</td><td>计算机应用基础</td><td>《计算机应用基础》(中专)</td><td>姬立中</td><td>中国铁道出版社</td></tr>
<tr><td>5</td><td>铁道概论</td><td>《铁道概论》</td><td>周　平</td><td>中国铁道出版社</td></tr>
<tr><td rowspan="2">6</td><td rowspan="2">机械识图</td><td>《机械识图》(中专)</td><td rowspan="2">戴永康</td><td rowspan="2">中国铁道出版社</td></tr>
<tr><td>《机械识图习题集》(中专)</td></tr>
<tr><td>7</td><td>机械基础</td><td>《机械基础》</td><td>朱鹏超</td><td>中国铁道出版社</td></tr>
<tr><td>8</td><td>金属工艺学</td><td>《金属工艺学》</td><td>王英杰</td><td>中国铁道出版社</td></tr>
<tr><td>9</td><td>液压与气动</td><td>《液压与气动》</td><td>朱鹏超</td><td>中国铁道出版社</td></tr>
<tr><td>10</td><td>电工与电子技术基础</td><td>《电工与电子技术基础》(中专)</td><td>林宏裔</td><td>中国铁道出版社</td></tr>
<tr><td>11</td><td>货车构造与检修</td><td>《货车构造与检修》(中专)</td><td>袁清武</td><td>中国铁道出版社</td></tr>
<tr><td>12</td><td>货车制动装置</td><td>《货车制动装置》(中专)</td><td>张旺狮</td><td>中国铁道出版社</td></tr>
<tr><td>13</td><td>货车车辆运用与管理</td><td>《货车车辆运用与管理》</td><td>吴海超</td><td>中国铁道出版社</td></tr>
<tr><td>14</td><td>车辆检修工艺</td><td>《车辆检修工艺编制》(中专)</td><td>李艳霞</td><td>中国铁道出版社</td></tr>
<tr><td>15</td><td>车辆检测技术</td><td>《车辆检测技术》</td><td>熊小青</td><td>中国铁道出版社</td></tr>
<tr><td>16</td><td>钳工技能实训</td><td rowspan="4">《货车车辆实训教学指导书》</td><td rowspan="4">连苏宁</td><td rowspan="4">中国铁道出版社</td></tr>
<tr><td>17</td><td>货车检车员技能实训</td></tr>
<tr><td>18</td><td>货车运用技能实训</td></tr>
<tr><td>19</td><td>货车车辆检修专业综合实训</td></tr>
</table>